사고의 프런티어 5

사고를 열다—분단된 세계 속에서

SHIKO O HIRAKU

by Kang Sang-jung, Junichi Saito, Atsushi Sugita, and Tetsuya Takahashi

@ 2002 by Kang Sang-jung, Junichi Saito, Atsushi Sugita, and Tetsuya Takahashi

First published 2002 by Iwanami Shoten, Publishers, Tokyo.

This Korean language edition published 2015

by Purunyoksa, Seoul

by arrangement with the proprietor c/o Iwanami Shoten, Publishers, Tokyo.

思考のフロンティア

思考をひらく：
分断される世界のなかで

사고의 프런티어 5

사고를 열다
분단된 세계 속에서

강상중姜尚中·
사이토 준이치齋藤純一·
스기타 아쓰시杉田敦·
다카하시 데쓰야高橋哲哉 지음
이예안 옮김
한림대학교 한림과학원 기획

푸른역사

일러두기

1. 이 책은 이와나미쇼텐岩波書店 출판사의 〈사고의 프런티어思考のフロンティア〉 시리즈 중 강상중姜尚中·사이토 준이치齋藤純一·스기타 아쓰시杉田敦·다카하시 데쓰야高橋哲哉가 쓰고 토론한 《사고를 열다: 분단된 세계 속에서思考をひらく: 分断される世界のなかで》(岩波書店, 2002)를 옮긴 것이다.
2. 주석은 옮긴이의 것이다. 각주로 처리된 옮긴이주의 경우 주석 앞에 [옮긴이주] 표기를 했다.
3. 이 책은 2007년 정부(교육과학기술부)의 재원으로 한국연구재단의 지원을 받아 간행되었다(KRF-2007-361-AM0001).
4. 한림과학원은 본 시리즈를 통해 개념소통 관련 주요 저서를 번역 소개하고자 한다.

들어가며—근대의 임계로

무엇이 바뀌었는가?

〈사고의 프런티어〉 시리즈는 졸저 《내셔널리즘》을 마지막 권으로 드디어 완결에 이르렀다. 그러나 완결을 눈앞에 두고 현실은 비완결적인, 아니 파국적인 단면을 드러내는 사태를 들이밀었다. 다름 아닌 뉴욕과 펜타곤을 덮친 동시다발테러와 그 후 아프가니스탄 공습이라는 전율스러운 사건이 현실 속의 끔찍한 '프런티어'를 우리에게 통보한 것이다.

옛 로마에 필적하는 세계도시의 상징이 무참히 그 잔해를 드러내고, 초강대국의 군사적 사령탑이 파괴되었으며, 테러리즘에 대한 보복으로 아프가니스탄 대지에 최신예 폭탄이 빗발치듯 쏟아져 수십 년에 걸친 내전으로 피폐해진 무고한 인민이 공허하게 황야를 헤매는 그런 묵시록적인 광경이 글로벌 미디어를 통해 흘러나왔을 때, 우리 모두는 추락하는 세계의 말로를 보는 느낌을 받지 않았던가. 지금까지는 그런 '세계의 비참함'이 상상력의 도움을 빌리지 않고 일상의 현실 속에 도달하는 일은 없었다. 일본이라는 영토적 공간의 내부에서는 안정된 치안 아래 원칙적으로는 누구라도 소비 사회의 풍요로움을 누릴 수 있다고 생각했다. 국경 밖에서 일어나는 일은, 그것이 아무리 충격적일지라도 사람들의 일상적 감성이나 사회적 관습의 근간을 뒤흔들지 않았다. 실제로 베를린 장벽이 무너지고 소비에트 연방이 붕괴하는 대사건이 잇달아 일어났어도 일상적 신체감각이나 생활의식이 내부에서부터 뒤흔들리는 일은 없었다. 걸프전 때도 그렇지 않았던가.

그러나 지난 9월 11일 이후의 사태는 그렇지 않다. 적어도 내게는 그랬다. 그렇다면 무엇이 바뀌었는가?

조지 W. 부시가 요란스럽게 선포했듯이 테러라는 '새로운 전쟁' 위기에 직면하여 세계가 '문명'의 편에 설 것인가 '야만'의 편에 설 것인가 양자택일을 하지 않으면 안 되게 되었기 때문일까? 대답은 "아니다"이다. 미국이 미국의 비참함을 세계의 비참함이라고 소리 높여 외치는 일은 있어도 세계의 비참함은 미국의 비참함이라고 진정으로 생각한 적이 있었던가. 적어도 미국 정부나 기업, 지식인 그룹과 미디어 세계의 엘리트들 그리고 이에 동조하는 다수의 중류계층이 그렇게 생각했다고는 보지 않는다.

그보다 동시다발테러의 충격적인 의미는 그것이 글로벌화라는 지옥의 솥뚜껑을 열고 그 속의 전율스러운 심연을 엿보게 했기 때문이다.

먼저 새삼 놀란 것은 절망적인 빈곤과 기아가 만연한 세계와 금융자산 및 실물자원을 독점적으로 지배하는 세계 사이의 현기증 날 것 같은 격차다. 아프가니스탄과 뉴욕은 그런 지정학적 단절의 상징이다. 절대적인 무관심의 폭력에 지속적으로 노출되어온 내전의 땅과 과도한 관심을 받는 세계도시, 이 양자를 갈라놓은 관심attention의 경제는 현 세계 시스템의 불균등한 구조를 반영하고 있다. 여기에서 간과해서는 안 될 점은 세계의 빈곤이 인적·물적 자원의 "부족"에서 시작된 것이 아니라 "오히려 실업과 전 세계적 노동비용 최소화를 기반으로 하는 범세계적 과잉 생산체제의 결과"(초스도프스키Michel Chossudovsky, 곽양춘郭洋春 옮김, 《貧困の世界化》, 拓植書房新社, 1999, 24쪽)*로 생겨난 것이라는 점이다.

말할 필요도 없이 그 배경에는 개발도상국이나 구사회주의 국가들의 방대한 채무 문제가 있다. 글로벌 경제와 질서를 일국 내 또는 국제적 차원에서 관리하는 IMF나 세계은행, WTO는 신자유주의의 이름으로 '구조조정'을 강요하는 '신개입주의적 접근 방법'을 추진하고 있다. 그리고 그 결과 1980년대 초의 채무 위기 이래 개발도상국의 국가 제도가 와해되어 기아와 실업, 광범한 인프라 악화, 내란 등을 통해 수백 만 이상의 빈곤층이 양산되어온 것이다.

---

* [옮긴이주] 미셸 초스도프스키Michel Chossudovsky(1946~). 캐나다의 경제학자. 오타와대학 교수. 개발도상국 정부 자문을 지냈으며 평화 및 반전 운동을 위한 각종 국제 조직에도 참가하고 있다. 저서로는 *The Globalization of Poverty and The New World Order*(2003), *America's "War on Terrorism"*(2005), *Towards a World War III Scenario: The Dangers of Nuclear War*(2011) 등이 있다.

이러한 '개발' 약속이 좌절되자 1980년대 이후 화폐의 흐름은 '남'에서 '북'으로 향했고 글로벌 법인 기업과 미국 정부가 최대의 차용자가 되었다. 그 결과 투기 활동에 의한 이윤 추구가 실물 경제를 차례로 쓰러뜨리는 경제 위기가 아시아와 중남미 나라들을 덮쳐 금융 붕괴가 일어날 것이라는 악몽의 시나리오까지 소문으로 돌았다. 글로벌화된 세계경제 시스템에서는 통상의 순환적 하강을 해결할 전통적인 메커니즘이 유효하게 작용하지 않고 있으며 그 장기적 경향은 "균형에서 아득하게 먼" "분기점bifurcation"에 가까워지고 있다(이매뉴얼 월러스틴Immanuel Wallerstein, 마쓰오카 도시미치松岡利道 옮김, 《アフター・リベラリズム》, 藤原書店, 1997, 104쪽)[*]고 할 수 있을지도 모르겠다.

동시다발테러가 전율적이었던 것은 이러한 "분기점"으로의 접근을 일거에 앞당긴 점에 있지 않은가? 그런 우려가 많은 사람들의 머리를 스쳤기 때문은 아닌가?

---

[*] [옮긴이주] 이매뉴얼 월러스틴Immanuel Wallerstein(1930~). 미국의 사회학자. 콜롬비아대학, 빙햄튼대학 교수 및 프랑스국립사회과학고등연구학원 이사, 국제사회학회 회장, 굴벤키안위원회 위원장 등을 지냈다. 카를 마르크스의 유물변증법 및 사적유물론, 국제정치경제학의 종속이론, 아날학파의 페르낭 브로델의 연구방법론 등을 기초로, 세계를 하나의 단일 시스템으로 보는 거시적 시점에 입각하여 정치경제학과 사회학을 포괄하는 세계시스템론을 제창했다. 저서로는 *The Modern World-System* vol. 1-4(1974-2011)을 필두로 *Historical Capitalism with Capitalist Civilization*(1995), *European Universalism: the Rhetoric of Power*(2006) 등이 있다.

절대적인 비대칭성

둘째, 지옥의 솥뚜껑이 열린 듯한 충격을 받은 것은 글로벌 시장 경제의 '외부'가 군사력을 중심으로 하는 폭력의 네트워크로 뒤덮여 있으며 시장 메커니즘이 만들어낸 '자기 조직'적 질서가 실제로는 폭력에 의한 '타자성'의 폐기에 근거해서 성립하고 있음을 거듭 실감했기 때문이다. 죽음 속으로 폐기하는 절멸의 폭력이 전술핵과 버금가는 살상력을 자랑하는 대형 폭탄의 투하도 꺼리지 않게 한 것이다. 미국의 일부 민간 집계에 의하면 미군의 공습으로 인한 아프가니스탄 민간인 사망자 수는 작년 12월 동시다발테러의 희생자를 상회하는 3,700명에 달한다고 한다.

한국전쟁이 발발했던 해에 이미 칼 슈미트는 공중전 또는 공중 폭탄 투하가 순수한 근절 전쟁이나 섬멸 전쟁을 억제해온 국제법상의 토대를 뒤엎고, "기술적인 섬멸 수단의 상승"이 "다를 바 없이 섬멸적·법적·도덕적 차별화라는 파멸적 심연을 찢어 벌리는" (칼 슈미트Carl Schmitt, 닛타 구니오新田邦夫 옮김, 《大地のノモス》下, 福村出版, 1976, 469쪽)* 일이 될 것이라고 예언했다. 슈미트에 의하면 국제법상의 카테고리로서의 "정전正戰"에는 섬멸 수단의 억제,

---

* [옮긴이주] 칼 슈미트Carl Schmitt(1888~1985). 독일의 법학자, 정치학자. 본대학, 쾰른대학, 베를린대학 교수 등을 지냈다. 저서로는 *Der Begriff des Polotischen*(1932), *Legalität und Legitimität*(1932), *Der Nomos der Erde im Völkerrecht des Jus Publicum Europaeum*(1950), *Theorie des Partisanen: Zwischenbemerkung zum Begriff des Politischen*(1963) 등이 있다.

전쟁의 한정이 전제되어 있다. 또한 그러한 실력 행사의 규범화는 "법적으로 승인되며 범죄자나 비인간과 구별되는 적", 즉 정당한 적justus hostis이라는 개념 그리고 "정당한 일", 즉 "정당한 원인justa causa"이라는 개념과 관련된다. 이들 두 개념은 전투 수단 및 무기의 종류와 결부되어 있어 "쌍방이 대등한 전쟁"으로서 "정전"이 성립하기 위해서는 양쪽 모두에게 "최소한의 승리 가능성"이 필요하다.

말할 것도 없이 미군의 아프가니스탄 공습은 이러한 "상호적인 전쟁 개념의 붕괴"를 철저하게 실행에 옮긴 것이다. "시체 주머니에 쑤셔 넣어지는 일 없이 몇 번이라도 전쟁터에서 실패할 수 있는" "훌륭한 군사 시뮬레이션 장치"로 재현되는 "전쟁터"(《朝日新聞》 2002년 1월 8일 조간)에서는 "정당한 적"도 "정당한 원인"도 소실되어 있다. 전쟁에서 아군이 죽는다는 공포와 거의 완전하게 차단된 전쟁, 그것은 제노사이드에 가까운 섬멸전이며 더 이상 "전쟁"이 아니다.

도대체 자폭 테러는 왜 일어난 것인가? 그 이유는 첨단 군사기술로 무장한 초군사대국 미국과의 "정전" 등은 상상도 할 수 없게 되었기 때문이며, 군사적으로 절대적인 우월자에게 군사적으로 대항할 수단이 완전히 사라졌기 때문이다. 이 절대적인 '비대칭성' 이야말로 역설적이게도 테러가 가지는 "비정규전"으로서의 "유효성"을 높이는 결과가 된 것이다. 이미 걸프전에서도 그랬듯이 압도적인 우월자로서 미국은 자신의 전쟁 수단과 기술의 우월성을 자기 자신의 "정당한 원인"의 증거로 간주하고, "정당한 적 개념이 더 이상 실현되고 있지 않기 때문에 적을 범죄자라고 선언"하면서 누가 적이고 누가 적이 아닌지 정의할 권력을 독점하기에 이르렀다. 이제 미국을 거스르는 자는 "범죄자"이며 따라서 "사회적 해충" 구제의 섬멸전이 전개된다. 그리고 "범죄자"에게는 테러라는 비정규전이 그에게 남겨진 유일한 "정당한 원인"이 된다. 이 악순환 속에서 미국은 "보이지 않는 적"에 겁먹지 않을 수 없으며 자신의 사회 안에 있는 자유의 권역을 더욱더 닫을 수밖에 없게 될 것이다.

게다가 그런 '범테러리즘'이라고도 할 수 있는 '비대칭의 위협'에 대한 불안은 미국의 동맹국에도 만연해 있다. 이는 자유의 교살뿐 아니라 과도한 감시나 억압 또는 강권적인 치안 관리에 노출된 사회를 늘어나게 하지 않을까. 미국도 일본도 예전의 매카시즘 선풍이 휘몰아쳤던 시대로 쏜살같이 돌진해갈 것만 같다. 그런 낌새에 대해 전율을 느끼지 않을 수 없는 것이다.

예외상태의 일상화

셋째, 전율적이었던 것은 그런 섬멸 수단의 고도화와 결부된 '타자'의 법적·도덕적 차별화와 진부화가 '문명'이나 '자유민주주의', '정의'라는 민망스럽게 과장된 이념을 통해 정당화되었다는 점이다. 포스트모던의 탈구축 같은 것은 자취를 감추고 19세기 제국주의 시대로 되돌아갔다고 착각할 정도의 이분법적 언설이 미디어에서 거리낌 없이 활개쳤다. 문명/야만, 민주주의/전제 지배, 기독교적 관용, 이슬람 원리주의, 인도주의/테러리즘 등 마니교적인 이원론이 '타자성'의 폐기와 자기 자신의 공동체(국가) 내부 구성을 폭력적으로 교조화하는 언설의 효과를 생산하고 있는 것이다.

나라 안에 넘쳐흐르는 성조기의 물결과 〈신이여 미국을 축복하소서God bless America〉의 노래 소리 그리고 전쟁에 광분한 듯한 아프가니스탄 공폭 등 애국심의 과열 상태는 '테러리스트'나 '원리주의자', '탈레반'의 철저한 '타자화'를 통해 집합적 아이덴티티의 내부적 교조화를 '밑에서부터' 밀어붙였다. 본래 개인이든 집단이든 아이덴티티는 결합과 분리의 다이너미즘dynamism 속에서 항시 우연성에 의해 좌우되는 것이다. 그럼에도 불구하고 이제 미국이라는 집합적 아이덴티티는 내외의 '사악한' 교란적 우연성을 소토하는 '십자군'의 발동을 기대하고 있다.

말할 것도 없이 그런 '십자군'을 파견하여 권력의 연극적 유효성을 증명하려 하는 주체는 국가다.

확실히 국가는 글로벌화가 진전되면서 효율성이 감쇄되고 있다. 국가에 대한 환멸이 시장에 대한 환상으로 바뀌려 하고 있다. 그렇지만 국가는 집합적 아이덴티티를 유지하기 위해 국가의 효율성을 교란시키는 행위에 엄벌을 가하고 복수와 같은 보복 조치

를 거리끼지 않게 되었다. 국가가 "외적인 타자" 즉 "테러리스트"나 "원리주의자"라고 설정하는 개인이나 집단 또는 "무법 국가"에 대해 "십자군"을 파견한다면, 그 "내적 타자" 즉 "범죄자, 약물 중독자, 반항자, 인종적 소수자, 그리고 하층계급"(윌리엄 코널리 William E. Connolly, 스기타 아쓰시杉田敦・사이토 준이치齋藤純一・곤자 다케시権左武志 옮김, 《アイデンティティ\差異―他者性の政治》, 岩波書店, 1998, 388쪽)*에 대해서는 치안 경찰적인 감시나 억압, 본보기적 엄벌로써 처리한다. 그 경우 후자와 같은 "내적 타자"에 대한 권력의 발동은 복지국가의 좌절과 표리를 이룬다. 바꿔 말하면 "복지주의의 실패"란 실제로는 부정해야 할 "타자성의 구축과 처분에 관한 정치적 프로젝트로서의 복지주의의 성공"에 다름 아니다. 이에 의해 권력의 담당자로서 국가의 아이덴티티가 유지되고 선거민에 대한 "답책성答責性(accountability)" 외관이 갖추어져 국민의 르상티망ressentiment(원한)을 해소할 배출구가 부여되는 것이다. 코널리가 말하는 것처럼 "복지 계급이라는 것"은 "권력의 연극성에서 항구적인 증명 프로젝트"가 되며 "복지 계급은 정치적인 대표=표상에 있어서는 상관없는 주체가 되고 정치적 처치 가능성에 있어서는 불가결한 대상이 된다"(윌리엄 코널리, 《アイデンティティ

---

* [옮긴이주] 윌리엄 코널리William E. Connolly(1938~). 미국의 정치학자. 존스홉킨스대학 교수. 니체 및 푸코의 사상을 참고하면서 '권력', '민주주의' 등의 정치학 개념을 비판적으로 고찰하는 작업을 하고 있다. 저서로는 *Political Theory and Modernity*(1988), *Identity/ Difference: Democratic Negotiations of Political Paradox*(1991), *Pluralism*(2005) 등이 있다.

\差異—他者性の政治》, 387쪽).

(국가) 권력의 새로운 양식은 이처럼 외적·내적 타자에 대한 집합적 아이덴티티의 교조화가 재편되는 것에 근거하여 생겨난다. 즉 국가는 우선 "생산력과 사적인 풍요로움의 문명이 초래하는 역효과에 대한 다대한 르상티망을 투영하는 영사막"이 되며, 둘째 그러한 "문명"의 지속성에 대해 수사적修辭的 안심감을 부여하기 위한 매개가 되며, 더 나아가 셋째 집합적 아이덴티티를 교란하는 요인에 대한 싸움의 도구가 된다. 이에 대응하여 첫째 복지국가의 제도나 기구가 비판과 재편('규제 완화'나 '자유화', '민영화')의 표적이 되며, 둘째 안심감을 연출하는 것처럼 대통령제적인 '결단주의'의 레토릭이 만들어지며, 셋째 "생산력 문명 자체가 낳는 패배나 피해 또는 희생의 상징이 될 수 있는 생활 상태에 있는 집단들을 지정하여 그들에게 낙인을 찍듯이 국가의 규율-경찰-처벌 장치"(윌리엄 코널리, 《アイデンティティ\差異—他者性の政治》, 384~385쪽)가 작동하게 된다.

이리하여 국가 내외에서, 슈미트의 말을 사용하자면, "예외상황 Ausnahmezustand"이 "일상화日常化"되고 있다. "예외상황"이 법적 질서가 정지하고 '결단'에 근거하는 실력이 법-권리의 구속 없이 발동되는 상태를 의미한다면 우리는 지금 그러한 "예외상태"가 일상이 된 기묘한 상황에 서 있는 것이 된다. 슈미트에게 "예외상태"는 "일상의 상태"를 무너뜨리는 그야말로 "예외"로서, "일상"의 임계에 있으며 그럼으로써 "일상의 본질"을 밝혀내는 것을 의미했다. 그러나 지금은 "예외상태"가 "일상화"됨에 따라 "예외"와 "일상"의 구별은 소실되고 "일상의 상태常態"가 "예외"가 되고 있는 것이다. 이는 어떤 의미에서는 홉스적 자연상태가 일상이 되고 있음을 의미하며 노골적인 실력might이 법을 상정하고 그 타당성을 결정하게 된다. 일찍이 호르크하이머Max Horkheimer*와 아도르노Theodor Adorno**는 이러한 사태를 "자기 보존의 폭력"이라고 불렀으나, 그런 "초월론적인 에고이즘의 정치"가 자유주의의 레토릭까지 무너뜨리고 있는 점에서 위기의 심각성을 감지하지 않을 수 없다.

근대의 '저주'

마지막으로, 전율했던 가장 큰 이유는 글로벌화라는 지옥의 솥뚜껑이 열린 듯한 현대가 어쩌면 1930년대와 유추적 관계에 있는 것은 아닐까 생각되어 견딜 수 없었기 때문이다.

---

* [옮긴이주] 막스 호르크하이머Max Horkheimer(1895~1973). 독일의 철학자. 프랑크푸르트대학 교수. 프랑크푸르트학파의 대표적인 이론가. 저서로는 *Eclipse of Reason*(1947), *Dialectic of Enlightenment*(1947), *Critique of Instrumental Reason*(1967), *Critical Theory: Selected Essays*(1972) 등이 있다.

** [옮긴이주] 테오도르 아도르노Theodor Adorno(1903~1969). 독일의 철학자. 프랑크푸르트대학 교수. 프랑크푸르트학파의 대표적인 이론가. 저서로는 *Dialectic of Enlightenment*(1944), *The Authoritarian Personality*(1950), *Minima Moralia: Reflections from Damaged Life*(1951), *Negative Dialectics*(1966), *Aesthetic Theory*(1970) 등이 있다.

이미 다른 곳에서 언급했듯이(강상중姜尙中·요시미 순야吉見俊哉, 《グローバル化の遠近法》, 岩波書店, 2001) 1920년대 아메리카니즘 시대와 1990년대 글로벌화 시대의 사이에는 유비적 관계가 보인다. 식민지 세계의 가혹한 시대가 계속되었음에도 불구하고 식민지 종주국을 중심으로 하는 "선진"국들은 "황금의 20년대"를 찬미했다. "황금의 20년대", 그것은 ""아메리카" 또는 합리화의 꿈"이 세계를 석권한 시대였다. 그 꿈은 "신속물주의와 사회공학, 포디즘*과 아메리카니즘 그리고 기능주의라고 하는 일련의 의미 연관을 갖는 언어 공간의 중심에 위치"(데틀레프 포이케르트Detlev Peukert, 雀部幸降·小野清美 옮김, 《ウェーバー 近代の診断》, 名古屋大学出版会, 1994, 125쪽)**하고 있었다. 이에 대응하여 생활세계도 일변, 미증유의 공업화에 따른 "사회의 도시화" 진행과 "대중사회" 출현이 두드러졌으며 "일상생활의 기술화", 영유아 및 청장년 사망률 감소·평균 수명 연장, 이에 따른 "사람들의 생애·생활 변화", 그 결과로서 "일상의식으로부터 죽음 추방", "젊음"과 "건강"의 찬미, "청년 예찬" 풍조, "일상생활의 전통적인 의미부여"와 "의례양식"의 무의

---

* [옮긴이주] 포디즘Fordism 또는 포드주의란 조립라인 및 연속공정 기술을 이용한 표준화된 제품의 대량 생산과 대량 소비의 축적체제를 일컫는 말이다. 그러나 한편으로 포디즘에 의한 대량 생산은 곧 에너지, 자원의 고갈과 대량의 산업폐기물을 가져왔고, 또한 대량 소비는 생활폐기물의 엄청난 증가로 이어져 결국 에너지 및 생태환경의 위기가 자본주의 핵심적 위기의 하나로 대두되었다.

** [옮긴이주] 데틀레프 포이케르트Detlev Peukert(1950~1990). 독일의 역사학자. 나치즘 연구에 새로운 지평을 열었다고 평가된다. 저서로는 *Die Reihen fast geschlossen*(1981), *Volksgenossen und Gemeinschaftsfremde*(1982), 《바이마르 공화국*Die Weimarer Republik*》(1987)이 있다.

미화, 생활양식과 생활환경에 대한 종교적인 의미 해석의 구속력 약화, "백화점 소비의 전당"이나 영화, 라디오 등 새로운 미디어로 상징되는 "표층적인 근대적 소비문화"의 성립, 그리고 "새로운 물신"으로서 자동차의 등장(雀部幸降, 〈運命としてのモデルネ〉, 데틀레프 포이케르트Detlev Peukert, 《ウェーバー 近代の診断》) 등 마치 90년대 글로벌화 시대를 방불케 하는 현상이 들끓고 있었던 것이다.

그러나 얼마 지나지 않은 1920년대 말 독일에서는 바이마르 사회 국가의 전반적 위기와 더불어 대중의 복지 증진이라는 유토피아는 자취를 감추었다. 교육적 원조와 교정 시책, 복지 정책의 일률적 실시는 패러다임 대신 "사회 교육을 행할 "값어치가 있는 자"와 "값어치가 없는 자"의 선별이라는 새로운 패러다임"(데틀레프 포이케르트Detlev Peukert, 《ウェーバー 近代の診断》, 210~220쪽)이 등장했고, 이는 머지않아 나치에 의한 "선별 테러"로 급격히 전환해간다. 이런 의미에서 포이케르트가 말하듯이 죽음 속으로 폐기하는 절멸의 폭력을 내포한 나치즘 정치는 "합리화 프로젝트 중 강제적 요소를 계승하고 자유와 관용의 요소를 잘라버리면서 강제적 합리화를 생각지도 않은 형태로 추진"(데틀레프 포이케르트 Detlev Peukert, 《ウェーバー近代の診断》, 158쪽)했던 것이다.

강제수용소는 바로 이처럼 죽음 속으로 폐기하는 절멸의 폭력이 테크놀로지의 합리성을 동반하고 나타난 곳으로, 슈미트적으로 말하자면 순수한 "예외상태"를 의미한다. 그곳에서는 일체의 법-권리가 정지하고 섬멸의 테크놀로지가 작동하는 것이다.

말할 필요도 없지만 그런 법-권리의 임계에 놓이고 "야만상태"에 방치되는 것은 다름 아닌 난민들의 운명이기도 했다. 일찍이 한나 아렌트Hannah Arendt*는 《전체주의의 기원全体主義の起源》에서 그런 "야만상태"를 강요당하는 사람들의 비극적인 상태를 난민의 절대적인 무차별 상태로 묘사하면서 다음과 같이 서술했다.

"양차 세계대전에 끼인 시기에는 유대인 문제는 소수민족 문제와 무국적 문제 모두 포함하면서 이들을 전형적으로 대표했다. 그 때문에 이 시기에는 아직 비교적 용이하게 이 두 가지 문제가 가지는 영향 범위의 크기를 무시하고 그것들은 애초에 특별한 규제에 따르고 있는 유대 민족의 운명에서만 중요성을 가진다고 둘러댈 수 있었다. 이리하여 사람들은 특히 다음과 같은 점을 망각하고 말았다. 즉 유대인 문제의 히틀러식 해결……은 소수민족 문제와 무국적 문제 모두를 현실에서 "해소"할 수 있는 방법을 전 세계를 향해 더할 나위 없이 명확하게 제시했다는 것이다. …… 그러나 이에 의해 소수민족 문제와 무국적 문제가 해결된 것이 아니라 그 반대로 유대인 문제의 해결은 금세기의 거의 모든 사건과 마찬가지로 다른 카테고리 즉 아랍인 난민을 생산하고 무국적자, 무권리자의 숫자를 새로이 70만 내지 80만이나 더 늘리고 말았다. 그리고 팔레

---

* [옮긴이주] 한나 아렌트Hannah Arendt(1906~1975). 독일 출신의 정치이론가. 프린스턴대학 교수. 권력의 속성과 정치, 권위, 전체주의 등의 주제에 관한 연구를 진행했다. 저서로는 *The Origins of Totalitarianism*(1951), *The Human Condition*(1958), *Eichmann in Jerusalem: A Report on the Banality of Evil*(1963) 등이 있다.

스타인의 협소한 땅에서 수십만 규모로 일어났던 것이 이번에는 광대한 인도 대륙에서 수백만이라는 규모로 일어났다. 망명자와 무국적자는 1919~20년 평화조약 이래 국민국가를 모델로 하여 신설된 세계의 모든 나라들에 저주처럼 들러붙어 있다"(한나 아렌트 Hannah Arendt, 오시마 미치요시大島通義・오시마 가오리大島かおり 옮김, 《全体主義の起源 2 帝国主義》, みすず書房, 1972, 269~270쪽).

1920년대 민족자결에 기초한 새로운 국민국가 신설에 들러붙어 있던 "저주"는 냉전 붕괴 이후 르완다에서, 코소보에서, 그리고 세계 도처에서 처참한 내전과 절멸의 지옥도를 재현해 보여주었던 것이다. 그것은 아렌트가 말했듯이 유대인 문제의 최종적 "해결"이 다른 카테고리가 되어 나타났음을 의미한다. 동시다발테러는 그런 지옥도가 글로벌화의 "역류"가 되어 세계의 중심인 미국에 되돌아온 것이다. 그런 의미에서 "멀리 떨어진 그들의 성난 목소리가 지금 도달했다. 잔학 행위가 행해지는 아득한 땅에서의 매일의 공포가 마침내 그 출생지(미국)로 돌아온 것이다"(사카모토 류이치阪本龍一 감수, 《非戦》, 幻冬社, 2001, 43쪽).*

지정학적으로 격리해온 "저주"가 절망적인 폭력의 형태를 띠고 마천루와 같은 "문명사회"의 중심을 습격했을 때, 우리는 유대인 문제의 히틀러식 해결이 결코 독일만의 악몽이 아닌 근대의 프런

---

* [옮긴이주] 사카모토 류이치阪本龍一(1952~). 일본의 뮤지션, 작곡가, 음악프로듀서, 피아니스트. 정치사상에 관한 언급 및 활동도 다수 있으며 9・11동시다발테러를 계기로 《非戦》을 출간했다.

티어에 들러붙어 있는 "저주"라는 것에 전율을 느꼈던 것은 아닐까?

그리고 근대의 프런티어에 선 미국에 의해 발동된 근절 전쟁은 수십만의 난민과 무국적자를 절망과 죽음의 심연으로 몰아넣으려 하고 있는 것이다. 이제는 히틀러처럼 순수한 "예외상태"로서의 강제수용소를 애써 지을 필요도 없다. 아프가니스탄과 같이 폐허가 된 땅이야말로 이미 "자연수용소"가 되어 있으니까. 그 "자연수용소"가 내버려진 세계 속에서 확대되고 있다고 한다면 새로운 세기는 여전히 1930년대 이후의 독일의 악몽에 사로잡혀 있는 것이다. 아우슈비츠가 들이민 근대의 임계에 관한 물음은 바로 지금 글로벌한 물음으로 우리에게 쏟아지고 있으며 사고의 프런티어는 바로 그 물음에 답하지 않으면 안 된다.

시리즈의 별권에 해당하는 본서 좌담은 그에 답하는 소박하지만 확실한 첫걸음이고자 한다.

2002년 1월

강상중

Contents

들어가며─근대의 임계로 5

01 문명과 야만 23

"문명의 충돌"과 글로벌화의 지정학_강상중姜尙中 24
'문명'과 그 타자와의 분할을 둘러싸고_다카하시 데쓰야高橋哲哉 31

토론 39
3개의 문제계 | 후쿠자와 유키치와 일본의 근대 | 탈─폭력화로서의 문명 | 문명론적 시점의 문제성 | '따라잡기'의 불가능성 | '내버리기'라는 권력 모드 | 공존은 가능한가 | 아시아주의 재고再考 | 미국이 정의하는 '국제사회' | 사실상de facto의 힘 | 자유주의의 위기?

02 분할과 경계 83

'내버리기'라는 폭력에 맞서서_사이토 준이치齋藤純一 84
경계선과 정치_스기타 아쓰시杉田敦 91

토론 98
완전한 퇴출은 불가능하다 | 경계선의 상대화 | 국가의 재정의 | 사회보장social security의 회복 | 국가state 논리의 한계 | 글로벌 경제의 공죄 | 민주주의와 국가 | 신체감각과 경계의 변용 | 국제기관의 문제 | '내

외의 구별'의 탈구축 | '관심의 경제'를 바꾸는 힘 | 책임, 법,
응답 가능성 | 법규범의 월경과 그 양의성 | 국가 테러와 예외
주의의 일상화 | 새로운 시민권을 향해서

나가며—지속적으로 묻기   157

옮긴이 후기   160
찾아보기   163

01

문명과 야만

"문명의 충돌"과 글로벌화의 지정학

강상중姜尚中

9월 11일의 동시다발테러는 세계를 뒤흔들어 놓았다. 일찍이 '세계의 수도Caput Mundi' 로마도 능가할 듯했던 뉴욕의 상징이 어이없이 무너지고 초강대국의 군사적 중추가 파괴되었으니, 9·11테러는 세계 시스템 경제와 정치의 중심부에 심각한 일격을 가한 셈이다. 하이테크를 가득 탑재한 초고층 빌딩과 "지하드"를 외치는 이슬람 원리주의 과격파. 너무나도 위화감이 드는 이 대조를 어떻게 이해하면 좋을까? 이것이 벤저민 바버Benjamin Barber* 가 말하는 "맥 월드" 대 "지하드"의 세계인가?

---

* [옮긴이주] 벤저민 바버Benjamin Barber(1939~). 미국의 정치사상가. 럿거스대학 명예교수. 시민사회운동에 적극적으로 참여하고 있다. 대학과 시민사회의 연계를 위해 노력해왔다. 저서로는 *Strong Democracy: Participatory Politics for a New Age*(1984), *Jihad vs. McWorld: How Globalism and Tribalism Are Reshaping the World*(1996) 등이 있다.

그런데 잔해 더미가 된 폐허에는 중남미나 아시아, '중근동'에서 온 이민 노동자와 '불법노동자'들의 시체도 어지럽게 흩어져 있었다. 세계 금융의 중심부는 이들의 3K노동이 없다면 한시도 유지될 수 없었던 것이다. 세계무역센터 빌딩은 바로 이 세계 시스템의 축소판 자체였다. 일찍이 마르크스가 착취 공장Sweat shop이라고 불렀던 열악한 환경 속의 저임금-장시간의 노동 장소가 마천루 같은 오피스 빌딩 안에 존재하고 있었던 셈이다. 이 역설은 무엇을 의미하는가? 이는 세계 시스템의 주변적 존재가 중추의 한가운데에 하류계층으로서 '침투'하여 그들 없이는 중추가 기능하지 않는 그런 확고한 공간을 차지하고 있음을 의미한다.

한편 미국을 중심으로 한 아프가니스탄 보복 공격이 알려준 것은 세계 시스템의 외부에 버려진 방대한 수의 난민들의 존재다. 테러와 보복의 폭격이 없었다면 미디어가 아프가니스탄에 카메라를 돌리는 일은 없었을 것이다. 무관심과 무지가 기아에 허덕이는 외연부 난민들에게 가해져온 일상의 폭력이었다면 이는 너무나도 많은 희생을 치른 역설이다. 가뜩이나 내전으로 황폐한 아프가니스탄에서 우주 공간의 인공위성과 정찰기에 의해 관리되는 섬멸전과 미디어에 의해 실시간으로 전파되는 전쟁이 벌어지고 있는 것이다.

뉴욕과 아프가니스탄이라는 세계 시스템의 중심부와 외연부는 결코 단절되어 있지 않다. 그럼에도 불구하고 전자에게 쏟아지는 과도한 관심과 후자에 대한 무관심을 나누어 가르고 그 공시성을 해체하는 구조는 연일 쉬지 않고 움직이고 있다. 그 안에서 세계는 "문명"의 은혜를 향유할 수 있는 "자유와 민주주의"를 획득한 "보편주의" 세계와 어쩔 도리 없이 지역적local이며 원시적인 "야만"이 지배하는 세계로 분할된다. 인종주의나 국가주의, 종교적 부흥 운동이나 민족성, 계급이나 지역 격차, 젠더나 성性과 관련된 "아이덴티티의 정치학"과 "기억의 정치"는 이 지정학(지정 문화)적인 분단 속에서 작동하고 있는 것이다. 이렇게 하여 바야흐로 "문명의 충돌"과 같은 새로운 글로벌 드라마가 세계 정치를 지배하던 "거대한 지도"로서의 역할을 끝낸 냉전의 지정학을 대체하려 하고 있다.

"지정학적인 것the geopolitical"이 권력적인 정책 결정자들이 실천하는 데 유익한 전문 지식만을 지칭하는 것은 아니다. 실제의 다양한 양상은 갖가지 매개(미디어나 지식인, 전문가나 연구자들의 언설 등)를 통해서 아이덴티티나 안보security, 위험danger 등의 일상적 구성과 밀접하게 관계 맺고 있으며 그 의미에서 매우 광범한 사회-문화적 현상이다. 그리고 말할 필요도 없지만 "지정학적인 것"의 다양한 표상(=대표) 작용과 실천은 문화를 통해 실현되어 국제 정치의 현실을 구성, 유지하고 의미를 부여하게 된다. 이 점에서 헌팅턴Samuel Phillips Huntington*의 "문명의 충돌"은 미국의 국가

---

* [옮긴이주] 헌팅턴Samuel Phillips Huntington(1927~2008). 미국의 정치학자. 하버드대학 교수. 하버드대 국제관계연구소 소장, 존 올린 전략연구소 소장, 미국 정치학회 회장 등을 지냈으며 허버트 험프리 대통령과 지미 카터 대통령의 자문역을 지냈다. 냉전 이후의 세계질

와 국민의 일상생활, 더 나아가 미국과 "문명"을 동일시한다고 주저 않고 공언하는 나라들의 일상생활에 가장 깊게 침투해 있는 패권적인 "지정학적인 것"의 대표다.

그렇다고 이 지정학이 글로벌한 전망에서 얻어진 것은 전혀 아니다. 그 상상(창조)력은 국내 문제에 의해 촉발된 것이었다. "문명의 충돌"이란, 헌팅턴 자신이 미국 국내의 다문화주의를 "새로운 타입의 '컬트'"라고 부르고 있듯이, 경제 격차나 난민 유입, 대량 실업이나 범죄의 증가, 심각한 사회 문제나 인종·민족·종교, 더 나아가 젠더나 성에 관련된 아이덴티티의 정치학 등, 초강대국의 "국익"을 분열시키는 분쟁 상태("분열하는 미국")를 외부 세계에 투사한 위협감의 반영에 다름 아니다. "타자"에 관한 언설이나 실천, 표상이나 제도의 심층에 도사리고 있는 것은 문화적 아이덴티티나 문명이라는 기표signifiant를 중심으로 상상되고 만들어진 안보 security나 위기(또는 리스크)라는 고정관념이며, 다른 문화나 아이덴티티의 차이를 환원 불가능한 것으로 가두어 두려는 "차이론적 인종주의" 전략이다. 거기에서 문화와 아이덴티티는 하나의 "자연"으로 기능하는 역할을 할당받아, 개인이나 집단을 선험적으로 분류하여 불변·불가침한 기원을 갖는 하나의 계보나 규정 안에 가두어두는 기준이 되고 있다. 이러한 "인종 없는 인종주의" 지정

서에 대해 다룬 *The Clash of Civilizations and the Remaking of World Order*(1996)의 저자로 유명하다. 특히 이 책은 지난 2001년 발생한 9·11테러 이후 집중 조명을 받으면서 저자인 헌팅턴의 명성을 드높였다.

학에 따르면 이슬람은 "문명적 동족 신드롬"의 세계적 확산과 강력한 연대, "서양the West"과의 역사적 기억이라는 점에서 최대의 위협이다. 신자유주의적 전략과 기술은 이 같은 이슬람으로부터의 안전 확보와 위기 제거를 위해 요구되는 것이다.

이러한 의미에서 이슬람이란 실제로는 미국을 중심으로 하는 "보편적"인 "문명"과 "자유와 민주주의" 그리고 시장경제에 대립하거나 그런 잠재적 가능성을 내포한 지역이며 원시적인 "야만"이 발호하는 저개발국, 요컨대 세계 시스템의 주변이나 외부에 펼쳐진 하류계층 인구의 또 다른 이름이라고 해도 좋다. 그러한 하류계층의 거대한 저수지를 유영하는 원리주의적 과격파의 전무후무한 동시다발테러라는 위기가 발생하는 장소를 특정할 수 없다는 새로운 위협을 전 세계에 퍼뜨리는 일이었다. 그 위협감은 범인을 특정할 수 없는 생물병기테러에 대한 공포감이 세계에 확산함에 따라 패닉 양상을 보이고 있다. 정체 모를 세균에 대한 공포와 이슬람 원리주의가 거의 등호로 연결되는 상황이 벌어지고 있는 것이다.

이에 따라 "글로벌 안보"가 현실성을 띠고 언급되었으며 그에 대항하여 "글로벌 공조" 또는 "글로벌 연대"를 부르짖는 목소리가 나왔다. 이는 전자 전쟁을 가능하게 하는 "기계 장치의 신神의 눈"에 의한 지구적 규모의 감시나 섬멸전뿐 아니라 미디어, 금융, 의료, 과학기술 등 가능한 모든 수단을 동원한 "총력전"의 일상화로 구체화되고 있다. 거기에서 드러난 것은 항상적인 감시와 예방 조치, 선제공격과 위기의 제거, "저쪽 편"과 "이쪽 편"의 이분법이

지배하는 끔찍한 "예외상황Ausnahmezustand"의 세계다. 이렇게 하여 이미 반세기 전에 고도화된 섬멸 기술이 〈적〉의 도덕적·법적인 "차별화", "진부화"와 상승 작용을 하면서 허무주의적인 결말에 도달할 것이라고 예측한 칼 슈미트의 말이 기괴한 현실성을 띠고 되살아나고 있다. "적을 범죄자로 차별화하고 그와 동시에 정당화 원인을 [가져와] 대는 것은, 섬멸 수단을 상승시키고 전쟁터의 장소 확정을 불가능하게 하는 것과 나란히 진행한다. 기술적인 섬멸 수단의 상승은 동시에 섬멸적·법적·도덕적인 차별화라는 파멸적 심연을 찢어버리는 것이다"(《대지의 노모스》).

이러한 "범죄자" 또는 통약 불가능하다고 여겨지는 〈타자〉에 대한 파괴적 예방 조치나 공격은 특별히 군사적 보복이나 제제에 한정되지 않는다. 이는 "문명"의 쪽에 있다고 자인하는 사회 안의 일상적 광경이 되어 있다. 실업자, 외국인("제3국인"), "인격 장애자" "홈리스" "동성애자" 등 "정상 사회" 밖으로 추방되어야 한다고 인식되는 "쓸모없는 자" "사회질서 교란자"에 대한 감시와 억압, 배제의 사회적 장치와 언설 시스템을 보면 명백하다.

이렇게 보면 섬멸적·법적·도덕적 차별화의 파괴적 사태는 총체적인가 세부적인가를 불문하고 그야말로 글로벌하게 전개되고 있다.

이리하여 〈타자〉에 대한 "인식론적이며 존재론적인 경계 설정"(에드워드 사이드, 《오리엔탈리즘》)은 동시에 도덕적·법적 경계 설정을 통해 노골적으로 폭력적 배제나 섬멸이 반복되는 범폭력주의라고도 할 만한 사태를 만들어내려 하고 있다. 과연 무엇이 시장의 폭주와 내셔널리즘의 광란, 범테러리즘과 범폭력주의 등 글로벌화라는 지옥의 솥뚜껑이 열린 것 같은 이 전율스러운 새로운 세계의 대항력이 될 수 있을까. 이 문제를 다시 생각하지 않으면 안 된다.

우선 필요한 것은 "문명의 충돌"과 같이 대중화된 "지정학적인 것"과 그 문화적 지배 코드를 해체하는 "비판적 지정학"의 구축이다. 이 작업은 지금까지의 인문·사회과학 영역 전반을 횡단하는 지知의 재편성과 동시에 구체화되어야 한다. 이상으로 개략적이지만 하나의 문제를 제기한 것으로 하고 싶다.

'문명'과 그 타자와의 분할을 둘러싸고

다카하시 데쓰야高橋哲哉

2001년 9월 11일에 일어난 동시다발테러 사건을 둘러싼 정치적 언설에서 "문명civilization"과 그 타자의 분할이 도처에 범람했던 것은 주목할 만하다. 테러리스트와 그 지원 세력을 문명에 적대하는 "악"의 권화權化로서 단죄하고 "정의의 전쟁"을 태연스레 발동시켜 보인 미 대통령뿐만이 아니다. "선진" 각국의 수뇌는 자국이 "문명사회"의 타자로 보이는 것을 무엇보다도 두려워하는 듯 앞다투어 '문명사회'의 방위전쟁에 협력하겠다고 선언했다. 그 절정은 "서양문명의 우월성"과 그런 서양문명이 세계를 "제패"할 "사명"에 대해 언급한 이탈리아의 베를루스코니Silvio Berlusconi[*] 총리일

---

[*] [옮긴이주] 베를루스코니Silvio Berlusconi(1936~). 이탈리아의 기업인, 정치가. 2000년 포브스 지가 집계한 개인 자산 순위에서 120억 달러의 재산을 보유하여, 이탈리아 1위, 세계 14

것이다.

동서 냉전 종결 이후 미국 중심의 시장경제 글로벌리즘이 세계를 석권하는 가운데 이전의 이데올로기 대결 대신에 '문명'과 '야만'이라는 고전적·근대적 이항 대립 도식이 전면으로 나온 듯 보인다. 일본에서도 예외는 아니다. 2차 세계대전 이후의 "자학 사관" 극복과 "국가의 정사正史" 확립을 외치며 등장하여 1990년대 후반에 신국가주의의 태풍의 눈이 된 '새로운 역사 교과서를 만드는 모임'의 회장은 1996년에 다음과 같은 발언을 했다.

"최근에 이르러 냉전 붕괴 이후의 동아시아 사태가 점차 청일전쟁 이전의 상황으로 되돌아가고 있다는 인상을 받습니다. 한국의 김영삼 대통령과 중국의 장쩌민 국가수석이 둘이서 손을 잡고 반일 연설을 한 그날, 저는 절감했습니다. …… 서구적 표준에서 보면 중국과 조선은 여전히 문명을 모르며 150년 전과 마찬가지로 근대화되지 않은 나라입니다. …… 그런대로 근대정신이라는 것을 익혔기에 앞으로 나간 일본과의 차이, 차이라고 하기보다는 일종의 불일치가 거듭 확연히 드러났습니다. …… 일본은 모든 야만에 고독하게 대처하지 않으면 안 됩니다. ……

늙은 대국은 야만스럽고 문명이 없으며 게다가 무력만 가지고 말을 듣지 않습니다. 일본은 이런 상황을 앞에 두고 장차 어떻게

위의 부자로 기록된 인물이다. 재산 축적 과정에서 돈세탁과 탈세 및 세무 관련자 매수 등의 혐의로 법원에 출두하는 등 물의를 빚었다. 재력을 바탕으로 전진이탈리아당을 창당하여 전후 최초의 우파정권을 수립하여 초대 당수를 지냈으며 총리직을 지냈다.

자존 자립해 갈 것인가라는 중대한 국면에 직면해 있습니다"(西尾幹二·藤岡信勝,《国民の油断—歴史教科書が危ない！》, 1996, 西尾氏の発言).

종종 강렬한 반서구감정을 표출하는 논자가 여기에서는 "근대화"된 "문명"국가·일본을 "야만"적인 "중국"·"조선"과 차별화하기 위해 아무런 거리낌 없이 "서구적 표준"에 호소하고 있다. 마치 중일 간의 새로운 전쟁을 피할 수 없다는 듯 오늘날의 동아시아를 "청일전쟁 이전의 상황으로 되돌아가고 있다"고 평하는 감각에 놀라지 않을 수 없다. 그러나 다른 한편 여기에 표출된 "문명"과 "야만"이라는 분할의 시선이 바로 "청일전쟁 이전" 한 사상가의 그것을 거의 그대로 답습한 것이라는 점 또한 분명하다.

일본 근대의 "문명" 언설은 후쿠자와 유키치福澤諭吉를 효시로 한다. 후쿠자와는 1885년에 발표한 〈탈아론〉에서 "이미 아시아의 고루를 벗어나 서양 문명으로 옮겨"간 일본이 아직 "반개半開" 속에서 졸고 있는 "아시아 동방의 악우惡友" "지나支那·조선"과의 교제를 "사절"하고 오히려 "서양인이 그들에게 대하는 풍에 따라 처분해야 할" 것을 주장했다. 그리고 청일전쟁 개전 직전에는 이 전쟁을 "문야文野의 전쟁"(문명=일본과 야만=청과의 전쟁)이라고 하면서 이후에도 일관적으로 "문명화"의 논리에 의거하여 일본의 침략을 정당화했다.

야스카와 주노스케安川寿之輔*가 《후쿠자와 유키치의 아시아 인

---

* [옮긴이주] 야스카와 주노스케安川寿之輔(1935~). 사회사상 연구자. 나고야대학 명예교수. 불전병사不戦兵士·시민회 부대표이사, 일본전사학생기념회 전 사무국장, 이라크파병 위헌소

식福沢諭吉のアジア認識》(2000)에서 주장하듯이, 〈탈아론〉에서 청일
전쟁, 대만 식민지화 전쟁으로 격화되는 후쿠자와의 제국주의적
아시아 인식은 종종 언급되는 것처럼 "갑신정변" 실패의 영향을
받아 전환된 것은 결코 아니다. 〈탈아론〉적 논리는 1880년대 초기
부터 반복적으로 등장하고 있다. 대표적 저서인 《문명론의 개략文
明論之槪略》(1875)에서 인간의 역사를 설명하던 "문명"·"반개"·"야
만"의 3단계론에 이미 구조화되어 있던 논리다. "세계 각국이 서로
대치하는 것은 금수가 서로 잡아먹으려는 기세 …… 먹는 쪽은 문
명의 나라 사람이며 먹히는 쪽은 불문不文인 나라라면 우리 일본
은 먹는 사람 쪽의 줄에 가담하여 문명국 사람과 함께 좋은 먹이
를 구하자"(《外交論》, 1883). 일본의 근대화를 구동시킨 "탈아입구"
노선이란 세계의 현실을 "약육강식"으로 보고 약자="불문不文"=
"아시아"를 "잡아먹는" 강자="문명"="서구" 편에 서고 싶다는 욕
망이었던 것이다.

　여기에서 지적하고 싶은 것은 1990년대 후반의 일본에서 〈탈아
론〉을 포함하여 후쿠자와 유키치 재평가 움직임이 두드러졌다는
점이다. 사카모토 다카오阪本多加雄*의 《새로운 후쿠자와 유키치新

송 원고, 한일평화100년시민네트 공동대표 등을 지냈다. 저서로는 《日本近代教育の思想構
造 福沢諭吉の教育思想研究》(1970), 《日本の近代化と戦争責任》(1997), 《福沢諭吉のアジア
認識》(2000) 등이 있다.

* [옮긴이주] 사카모토 다카오阪本多加雄(1950~). 일본정치사상사 연구자. 가쿠슈인대학學習
院大学 교수. 근대일본 지식인의 언설에 관한 연구를 하는 한편 '새로운 역사 교과서를 만
드는 모임'에 참가했다. 저서로는 《市場·道徳·秩序》(1991), 《象徴天皇制度と日本の来歴》

しい福沢諭吉》(1997), 사에키 게이시佐伯啓思*의 〈후쿠자와 유키치의 근대의식福沢諭吉の近代意識〉(《正論》 1998년 3월), 니시베 스스무西部邁**의 《후쿠자와 유키치—무사도와 애국심福沢諭吉—武士道と愛国心》 (2000) 등은 모두 '새로운 역사 교과서를 만드는 모임'의 멤버이거나 그에 가까운 신국가주의자에 의한 것이었다. 가토 노리히로加藤典洋***의 〈아시아의 구석에서—후쿠자와 유키치アジアの片隅で—福沢諭吉〉(《이 시대를 사는 법この時代の生き方》, 1995)는 '새로운 역사 교과서를 만드는 모임'과 정치적 입장을 달리한다고는 하나 그간 내가 "신국가주의의 또 하나의 지표"로 평가해온 《패전후론敗戰後論》의 저자에 의한 〈탈아론〉 그 자체의 긍정 선언이다.

나는 이를(〈탈아론〉) 부정하지 않는다. 이유는 간단하다. 이를 부정하면 우리와 아시아의 접점은 없어져버린다. 아시아 따위 최악이다, 우리가 함께 할까보냐, 빌어먹을, —이것이 우리와 아시아의 유일한 접점인 것이다. ……

(1995), 《明治国家の建設》(1999), 《問われる日本人の歴史感覚》(2001) 등이 있다.

* [옮긴이주] 사에키 게이시佐伯啓思(1949~). 경제학자, 사상가. 교토대학 교수. 공생문명학, 현대문명론, 현대사회론 등 국제문명학, 문명론을 연구. 저서로는 《産業文明とポスト·モダン》(1989), 《貨幣·欲望·資本主義》(2000), 《人間は進歩してきたのか》(2003) 등이 있다.

** [옮긴이주] 니시베 스스무西部邁(1939~). 평론가, 사상가. 도쿄대학 교수를 거쳐 잡지 《表現者》의 고문. 일본 보수파의 대표적인 논객. 저서로는 《福澤諭吉 その武士道と愛国心》 (1999), 《保守思想のための39章》(2002), 《《日本国憲法》を読む》(2007) 등이 있다.

*** [옮긴이주] 가토 노리히로加藤典洋(1948~). 문예평론가. 와세다대학 교수. 고단샤講談社논픽션상, 고바야시히데오상小林秀雄賞 선고위원. 저서로는 《敗戰後論》(2005), 《可能性としての戦後以後》(1999), 《3.11死に神に突き飛ばされる》(2011) 등이 있다.

중국이 문화대혁명을 거쳐 "4개의 근대화" 등을 입에 올리기 시작했을 때 우리는 한결같이 낙담했지만 아시아의 나라가 근대화를 경험하는 데 이런 "자기혐오로서의 아시아 의식"은 오히려 불가피하다고 생각해야 한다. ……

[이는] 일본의 경험이 아시아의 근대화에 있어 아시아의 관점에서 봤을 때 "배신자"의 사례가 아니라 오히려 본래의 모델일 가능성이 있음을 시사하고 있다"(加藤典洋, 〈アジアの片隅で―福沢諭吉〉).

이 논자 특유의 역설적 레토릭에 휘말린다면 여기에서 묵인되어 있는 것을 모르고 지나칠 것이다. 문제는 후쿠자와의 〈탈아론〉이 극히 단순하게 '일국 근대주의의 입장' 까지 축소된 점이다. 그렇기 때문에 〈탈아론〉이 일본과 중국·조선을 이미 "문명"과 그 타자로 분할하고 있는 점이 무시된다. "일국 근대주의"가 "일국" 내부에 자족하지 않은 채 "서양인이 이에 접하는 풍에 따라" 중국·조선을 "처분해야 할" 것을 설파하고 제국주의적 식민지 획득의 논리를 수반하고 있었던 점이 무시된다. 요컨대 "타자와의 관계"를 〈탈아론〉의 논리로부터도, 그 배경을 이루었던 역사적 현실로부터도 잘라버린 것이다.

《패전후론》의 저자에 의한 〈탈아론〉 긍정은 그의 "자기중심적" 입장, "사리사욕에서 출발하는 것"이야말로 근대의 본질이라는 주장에 근거하고 있다. "일국 근대주의"는 올바르니 거기에 제국주의적 폭력이 수반되었다고 해서 큰 문제는 아니라고 하는 것은, "자기중심"적인 입장이 지켜진다면 "타자와의 관계"가 폭력적으로 변화해도 큰 문제는 아니라고 하는 것과 같다. "자기중심"과 "사리사욕"의 언설이 1980년대부터 90년대에 걸쳐 시장경제 글로벌리즘과 신자유주의 경제사상이 침투하는 상황에서 일정한 설득력을 가지고 있었다면 이는 결코 우연이 아니다.

글로벌리즘은 '남북' 격차를 확대시켰다. 부의 편차 문제와 버려진 빈곤지역 문제도 심화시켰다. 일본에서 글로벌리즘은 신자유주의적인 "개혁" 노선 도입을 본격화시켰다. 이에 따라 "성역 없는 구조개혁"을 외치는 고이즈미 정권 밑에서 새로운 양극화가 진행되고 있다. 국제적으로도 국내적으로도 경쟁 원리가 전면적으로 긍정되어 이긴 쪽은 보다 큰 부와 자유를 획득하고 진 쪽은 '자기 책임'의 명목으로 버려진다. 약육강식, "might is right"(힘이 정의)인 세계에서 이기는 것을 목적으로 한 후쿠자와의 "문명"론에서 현대의 이러한 동향의 원형을 발견할 수도 있을 것이다.

후쿠자와 이후 19세기적인 원시적 자본주의의 폭력을 비판하는 사회사상이 일본에도 유입되었다. 2차 세계대전 후의 냉전체제 아래에서도 소련을 중심으로 하는 사회주의권의 존재가, 실제로는 억압적이었다고는 하지만, 자본주의 비판의 가능성을 담보하고 있다고 생각되었다. 사회(주의)사상에 자극 받아 자본주의 국가들도 약육강식의 경쟁을 규제하고 '복지' 국가화하는 등 다양한 개량을 해왔다. 그러나 소련을 포함하여 동구 사회주의권이라 불리던 진영이 붕괴하고 자본주의 시장경제 시스템에 대한 대항사상을 보기 어렵게 된 오늘날, 세계가 예전의 약육강식 시대, "might is right" 시대로 되돌아가고 있는 것처럼 느꼈다고 해도 그리 이상한 것은 아니다.

동아시아가 "청일전쟁 이전의 상태로 되돌아가고 있다"고 말하는 것은 애초에 환상이다. 그런데 그 환상은 후쿠자와 유키치의 〈탈아론〉적 시선을 반복하는 형태로 나타나고 있다. 우리는 지금 "문명"의 의미를 전면적으로 반복해서 되물어야 할 지점에 서 있다.

토론

3개의 문제계

강상중 ●●● 현재의 문제를 생각하기 위해서는 분단된 세계, 경계라고 하는 것이 키워드가 되리라 생각합니다.

지금까지 글로벌화에 관한 언설에서 빠져 있던 것은 세계 분할의 문제이며 세계 분할이 초래하는 폭력에 관한 논의입니다. 지금까지는 모든 문제가 시장의 조정 기능에 맡겨져 있었습니다. 그러나 그 〈외부〉가 보이지 않았던 것은 아닐까요? 사실 글로벌화는 〈외부〉에 집중된 폭력성에 의해 지지되었으며 그것이 이제 보이기 시작했다고 할 수 있지 않을까요?

이러한 세계 분할의 폭력성은 지금 〈문명〉과 〈야만〉이라는 문화적 단절로 나타나 있습니다. 하지만 글로벌화를 둘러싼 근 10년의 정치경제나 문화론, 미디어론이 그 폭력의 실제적 부분에 눈을 돌리지 않았던 것은 아닌가라는 생각이 듭니다. 한편으로는 경제 측면에 한정된 논의가 있으며, 다른 한편으로는 문화나 아이덴티티의 측면에 모든 문제가 수렴된 경향이 있습니다. 9월 11일 사태는 돌연히 나타난 것이 아니라 수십 년에 걸쳐 가시화되지 않았던 것이 보이게 된 것이라고 할 수 있지 않을까요.

이러한 상황에서 글로벌 안보, 아이덴티티, 위기라는 것이 큰 문제가 되고 있습니다. 이 3개의 문제를 연결시켜 생각하면 지정학적 관점이 중요해집니다. 지정학geopolitics이라고 하면 국제정치의 파워폴리틱스power politics(권력정치) 문제로 생각하기 쉽습니다. 하지만 일부 학자로부터 비판적 지정학이라는 견해가 나오고 있듯이 지정학적 인식은 사회문화적인 일상의 신체감각과 밀접하게 관련되어 있으며 이에 지지받아 작동하고 있습니다. 그런 점에서 보면 3개의 문제계와 관련하여 냉전 붕괴 이후의 지배적 지정학의 하나로서 "문명의 충돌"이 지배적 담화가 되고 있습니다. 사회적 신체감각 차원에서 지지받고 있는 것인데 이것을 어떻게 비판해 갈 것인가가 우선 중요한 문제입니다.

글로벌 안보라는 사고방식은 안보를 아이덴티티의 분류 및 차이의 시스템을 통해 생각한다는 것이 아닐까요? 개인이나 집단이 안보에 있어 위험한지 아닌지가 어떤 아이덴티티를 가지고 있는지를 통해 판정되고, 개인이나 집단을 그 아이덴티티를 통해 조작하게 되는 것입니다. 아이덴티티나 차이의 정치는 자극적인 사고이기는 하지만 현실적으로는 위기의 평가, 관리로서 기능하는 면이 있습니다.

또한 글로벌 안보라는 것은 위기가 고정적인 장소에 봉쇄된 것이 아니라 어디서든 일어날 수 있다는 것을 전제로 합니다.《제국 *Empire*》의 저자인 하트Michael Hardt*와 네그리Antonio Negri**가 말하는 위기의 편재화omni-crisis라는 것이겠지요. 냉전시대의 지정학에서는 동서대립이라는 커다란 매핑mapping(지도 제작) 안에서 필연적 결과로서 세계 여러 지역에 대한 관리가 이루어졌습니다. 하지만 냉전이 붕괴되자 위기는 일정한 지역, 공간에 한정되지 않게 되었습니다. 그런 속에서 글로벌 안보라는 사고가 나왔을 것이라고 생각합니다.

아이덴티티에 관해서도 복수성의 말소와 단순화가 진행되고 있습니다. 헌팅턴은 문화적 아이덴티티를 총칭해서 〈문명〉이라고 말하고 있지만 문명과 문화의 구분 자체가 분명하지 않습니다. 헌팅턴의 논의에서 개인이나 집단은 선험적으로 문명 안에 내재하여 그 등딱지를 짊어지고 살아가는 존재이며 그것을 "운명"이라고 여깁니다. 그리고 그런 식으로 세계를 지정학적으로 매핑합니다. 그에

---

* [옮긴이주] 마이클 하트Michael Hardt(1960~). 미국의 철학자, 비교문학연구자. 듀크대학 교수. 저서로는 *Gilles Deleuze: An Apprenticeship in Philosophy*(1993) 외에 안토니오 네그리와의 공저로 *Empire*(2000), *Multitude: War and Democracy in the Age of Empire*(2004), *Commonwealth*(2009)가 있다.

** [옮긴이주] 안토니오 네그리Antonio Negri(1933~). 이탈리아의 철학자, 파두아대학교 교수, 하버드대학, 파리제8대학 등에서 강의. 저서로는 *The Politics of Subversion: A Manifesto for the Twenty-First Century*(1989), *Insurgencies: Constituent Power and the Modern State*(1999), *Time for Revolution*(2003), *Goodbye Mr. Socialism*(2008) 등이 있다. 마이클 하트와의 공저는 위의 주를 참조.

따라 분절화된 문명권이 통약 불가능한 대립관계에 있다는 것이 헌팅턴의 논의입니다. 헌팅턴은 "원리주의"뿐 아니라 이슬람 자체가 "서양the West"에 적대적이라고 말합니다. 이런 그의 언설은 현재의 상황을 해독하는 코드로서 아메리카뿐 아니라 세계 곳곳에 전파되어 있습니다. 그것이 무슨 의미인지 생각할 필요가 있습니다.

세계무역센터 빌딩에는 세계의 저개발 국가들에서 온 상당수의 이민 노동자와 "불법노동자"가 일하고 있었다고 합니다. 그런데 테러로 그 사람들 중 누가 어디서 죽었는지 알 수 없습니다. 5,000명 이상 죽었다는 설도 있습니다. 헌팅턴의 논의는 뉴욕이라는 세계도시에 개발도상국의 하류계층이 침투해 있으며, 그들이 없으면 세계금융의 중심부가 기능하지 않는 상황이 벌어지는데도 불구하고, 그들을 완전히 배제하여 분단하자는 것입니다. 사실 실제의 글로벌화는 싫든 좋든 경계가 상호 침투하여 아이덴티티 자체가 극히 애매ambiguous해지는 것이겠지요. 그럼에도 불구하고 이를 분할하려는 폭력이 작동하여 미국뿐 아니라 일본을 비롯한 다른 세계에도 퍼지고 있습니다. 이를 어떻게 할 것인가? 그리고 어떻게 할 수 있을까? 이것이 문제입니다.

이 물음을 근대modernity라는 문맥 안에서 재설정해보면, 과연 이는 근대의 말로인가 일탈인가? 그런 점부터 근원적으로 재고하여 대항 언설, 새로운 구상력을 제기할 필요가 있습니다.

냉전 붕괴 이후의 글로벌화 속에서 지정학적인 표상, 미디어, 이미지의 문화적 헤게모니가 정치경제와 상호 침투하여 세계 시스템의 불균등한 구조를 고착화하려 하고 있습니다. '이질heterogeneous' 적인 것을 어떻게 관리, 배제, 또는 파기할 것인가라는 문제에서 다양한 폭력적 작용이 작동하고 있습니다. 이는 또한 그 속에 살고 있는 우리의 〈타자〉에 대한 신체 감각에도 영향을 주고 있을 것입니다. 즉 일탈, 교란, 위협의 대상으로 간주되는 것—요컨대 '위험하다'고 간주되는 개인이나 집단—이 미시적 차원에서도 중요한 테마로 부상하겠지요. 이를 어떻게 생각해야 할까요?

이상으로부터 다음과 같은 물음이 중요해집니다. 경계선이 왜 그어졌는가? 무엇 때문에 창출되어 작동하는가? 그리고 왜 받아들여져서 정당화되는가? 이 물음들을 생각할 필요가 있다고 생각합니다.

이란의 한 영화감독은 미얀마의 석불이 세계가 아프가니스탄에 강요한 수십 년간에 걸친 무관심, 그러한 냉혹한 폭력을 당해온 것이 치욕스러운 나머지 무너졌다고 말했습니다. 이처럼 현실적으로 아프가니스탄은 우리에게 '부재不在—존재하지 않는 존재'였습니다. 하지만 뉴욕과 같은 장소에 대한 관심은 과잉입니다. 그렇게 만드는 지정학적인 힘이 움직이고 있습니다. 이 두 지역, 세계 시스템의 중추와 외연부의 공시성을 분단시키는 힘에 대해 생각하는 것이 가능하다면 아프가니스탄 섬멸전은 피할 수 있지 않을까 생각합니다.

칼 슈미트가 쓴 《파르티잔 이론》을 보면, 파르티잔에서 테러리즘에 이르는 거리는 가깝습니다. 글로벌화와 범테러리즘이 대결하게 되면 누구 한 사람 위기를 피할 수 없습니다. 자기보존이 위기에

처했을 때 폭력이 발동하는 홉스적 자연상태로 회귀하는 것을 과연 문명이라고 말할 수 있을까요?

이런 사태에 왜 이르렀을까요? 이는 근대가 내포한 문제일까요?

다카하시 ●●● 당연히 근대 문제를 생각하는 것과도 중첩된다고 생각합니다. 위에서 말했듯이 후쿠자와의 《문명론의 개략文明論之概略》에 있는 것 같은 시선이 탈아론에 연결되어 있다고 본다면, 예컨대 지금까지 논의되어온 것과 같이 후쿠자와의 반은 좋으나 반은 안 좋다, 전반은 좋았으나 후반은 안 좋다는 발상은 취하기 어렵겠죠 전후 민주주의의 가장 양호한 부분에서도 역시 후쿠자와에 대한 평가는 상당히 후합니다. 그 이유는 무엇인지 생각할 필요가 있겠지요

후쿠자와 유키치와 일본의 근대

강상중 ●●● 다카하시 선생님의 연구보고에 대해 스기타 선생님은 어떻게 생각하십니까? 예컨대 후쿠자와에 대한 논쟁적 평가에 대해서요.

스기타 ●●● 잘 알려진 일이지만 마루야마 마사오丸山眞男 선생님은 후쿠자와에 대해서만은 다른 대상을 대하는 것과는 달리 무비

판적인 태도를 취했습니다. 그만큼 큰 의미를 후쿠자와에게서 발견했던 것이겠지요. 후쿠자와에 대해 공부하지 않은 저로서는 마루야마 선생님의 후쿠자와론을 직접 비판할 능력은 없습니다. 그런데 어떤 대상이든 무비판적으로 받아들인다는 것은 어떨지. 특히 마루야마 선생님 이후 일본의 정치학이 이번에는 마루야마 선생님에 대한 비판을 터부시하고 있다고 한다면 문제는 중첩되어 있는 듯 보입니다.

강상중 ●●● 이는 후쿠자와를 어떻게 평가할 것인가에 국한되는 것이 아닙니다. 문제는 후쿠자와가 일본의 근대가 회귀할 근거지로서 인식되는 것은 아닌가 하는 점입니다. 역으로 말하자면 역사라는 문제를 생각할 때, 역사 속에 축적된 무엇인가가 있을 것이라고 상정할 때 후쿠자와가 항상 반복해서 근대 일본의 하나의 원상原象으로서 나타날 것이라는 점입니다. 이는 인물 평가에 그치지 않고 일본의 근대라는 것에 대해서 시발점이 무엇이었는가, 그것을 긍정적으로 볼 것인가 부정적으로 볼 것인가라는 문제에도 영향을 끼쳐, 현재 지배적 언설이 되어 있는 〈문명〉과 〈야만〉의 대립에 대한 평가에도 반영되겠지요. 다카하시 선생님의 연구보고에도 있듯 지금 일본의 국가주의 성향의 사람들도 후쿠자와로 돌아가려 하고 있습니다. 이런 점에서 후쿠자와라는 인물은 여러 의미에서 논쟁적이며 대단히 야누스적인 면이 있는 것이죠. 지금 여기서 후쿠자와 평가를 어떻게 볼 것인지는 그런 맥락에서 논의해야 하는 것이 아닌가 생각합니다.

일본의 근대라는 것을 그렇게 역사적 맥락 안에서 바라보는 것 말고 다른 한편으로 생각해야 할 문제는 왜 후쿠자와 유키치가 그렇게까지, 즉 다른 사람들을 제압할 정도의 상징적 인물로서 언설화되어왔는가라는 점이라고 생각합니다. 그게 언제부터였는지도 포함해서 생각해봐야 합니다. 2차 세계대전 이후의 영향이 상당히 강하지 않을까 보입니다만, 그렇다면 후쿠자와를 둘러싼 문제의 이면에는 전후의 원상原象을 어떻게 보는가라는 문제가 자리 잡고 있습니다.

다카하시 선생님의 연구보고 중에 "탈아입구"라는 말이 있었는데―완전히 그렇게 말할 수 있을지 어떨지는 별도로 하고―제가 후쿠자와를 문제 삼을 때에는―가토 노리히로 선생님의 논의도 그렇고, 역설적으로 말하고 있다고 생각하지만―"아시아 따위 싫다", 더 구체적으로 말하자면 예컨대 보통 일본인 중에 "아시아 따위 냄새나서 견딜 수 없다"는 것과 같은 신체 감각적 언설이 왜 나오는 것일까, 이것과 후쿠자와 문제의 평가가 관련이 있다고 생각합니다.

앞에서도 말했지만 저는 《내셔널리즘》에서 그 점을 전후 일본의 출발 문제로서 논했습니다. 미국에 대한 압도적인 과잉 관심에 비해 아시아는 "소실"시켜버리는 것 말이지요. 다시 말해 아시아를 "휘발"시키는 메커니즘이 작동하고 있었던 것입니다. 미국과의 전쟁이 모든 것을 포괄했기에 본래 일본의 패배에 상당히 큰 영향을 끼

쳤을 아시아 사람들이 소실되고 말았다, 바로 이 문제를 생각하지 않으면 후쿠자와 평가라는 것은 보이지 않을 것이라고 생각합니다. 2차 세계대전 이전의 후쿠자와가 생각했던 것처럼 아시아에 새로운 영국식 국가를 만들고자 했던 것과, 전후 소실의 메커니즘이 작동하여 미일관계가 성립한 것이 역사적으로 봤을 때 유사한 관계에 있었던 것은 아닐까, 현재 미국의 아프가니스탄 공습에 대한 일본의 후방 지원적 협력체제가 성립되는 것은 이 연장선상이 아닐까 하는 것입니다.

생각해보면 일본은 청일전쟁부터 의화단 사건, 시베리아 출병에 이르기까지 상당한 군사개입을 해왔습니다. 의화단 사건도 그렇지만 이는 〈문명〉의 이름으로 행해진 일종의 〈야만〉에 대한 봉쇄죠? 그리고 이는 단순히 일본만의 언설은 아니라고 생각합니다. 예컨대 마르크스가 태평천국의 난에 대해 어떻게 생각했는지 살펴보면 무시무시한 악마와 같은 화신이라는 취지로 말했습니다. 어떤 의미에서 보면 근대 쪽에 서 있던 편이 종교라는 것을 통해 일어난 반란이나 "원시적인" 저항에 대해 가지는 무시무시한 이미지는 최근에 생긴 것이 아니라 꽤 뿌리 깊고 오래된 것이라고 생각합니다. 조금 전에 모더니티/근대라고 말한 것은 그런 의미입니다. 단순히 일본이 특수하고 그렇기 때문에 후쿠자와가 특수하다는 논의가 아니라요. 하나 더, 모더니티/근대의 타자 인식까지 포함해서 생각하는 편이 우리 논의를 보다 깊이 있는 것으로 만들어주지 않을까 생각합니다.

탈-폭력화로서의 문명

사이토 ●●● 후반부에서는 "계몽의 모더니티"에 대해서도 약간 옹호해 보고 싶다고 생각하지만 두 분의 견해에 찬성입니다. 우선 "문명"과 "야만", "예의 바름civility"과 "무례함incivility"을 이분하여 그것을 고정화하려는 쌍-형상화對-形象化의 시선은, "야만·문명의 다름"을 강조한 후쿠자와에서도 그랬던 것처럼, 모더니티의 타자 인식의 기조였다고 생각합니다. 하나의 커다란 "관념의 연합"으로서 정체=빈곤, 무례함, 그리고 안전의 결여Insecurity가 결합된다. 빈곤, 야만, 그리고 질서와 안전에 대한 위기로 표상되는 "열위의 타자성"은 승인과 존중이 아니라, 적어도 잠재적으로는 "문명"의 규칙에 기초해서 처우할 필요까지는 없다는 구조적 등급을 부여받게 된다는 거죠. 이는 강상중 선생님이 이전에 지적하셨던 것인데 19세기 중엽 이후의 사상에는 그러한 "관념의 연합"이 각인되어 있습니다. 예컨대 존 스튜어트 밀은 《자유론》에서 "중국적인 정체"라는 말을 사용했는데 정체에는 전제라는 통치형태가 어울린다고 말합니다. 자유가 아니라, 위로부터의 지배에 어울리는 지역이라고 이해하는 거죠. 강상중 선생님이 말한 "모더니티의 말로"를 문제화할 때에는 19세기 후반에 강화된 오리엔탈리즘의 지적 체제를 되묻는 것이 여전히 필요하겠죠. "야만"적인 사람들은 야만적인 취급이 어울린다는 시선이 지금 다시 반복되고 있는 것인데, 그 점을 가능한 비판적으로 볼 필요가 있습니다.

다만 계몽의 모더니티의 또 하나의 측면도 여기에서 평가해두고 싶습니다. 아담 퍼거슨의 《시민사회사 *An Essay on the History of Civil Society*》는 1767년에 출판되었는데 그 무렵에 "civilization"이라는 영어가 처음으로 사용되었습니다. 주목하고 싶은 점은 문명 =civilization이라는 말이 산업화의 진전 정도와 관련해서보다는 폭력적 요소로부터의 해방으로서 정의되었다는 것입니다. 몽테스키외나 흄도 그렇지만 상업·교역이 깊어지면 지금까지 폭력의 회로를 설정하고 있던 타자에 대해 교섭의 회로로 대하는 것이 가능해집니다. 교역·통상이 타자에 대한 교섭의 회로를 설정해갑니다. 문명을 표방하는 조지 부시가 "교섭의 여지 없음"이라는 표현을 자주 사용하는데, 바로 교섭에 의해 타자와의 사이에 탈-폭력화의 회로를 만들어가는 것이 문명이 의미하는 바였던 것입니다.

문명을 산업화가 아닌 탈-폭력화로 재정의해가는 견해를 근대의 내부에서부터 다시 제기할 수 있다고 생각합니다. 물론 지금 보면 자유교역이 비폭력적 교섭을 초래한다는 상정 자체에는 문제가 적지 않습니다. 어쨌든 그런 탈-폭력화라는 각도에서 보면 미국 사회는 진정 문명사회인 걸까요. 실제로 미국 사회에는 살인이나 강간 등의 폭력이 만연하여 뉴욕에서는 매년 2,000명을 넘는 사람이 폭력으로 인해 사망하고 있습니다. 게다가 미국 사회는 폭력을 예상한 장치들로 가득 차 있습니다. 이는 "외부인 출입제한 주거단지Gated community"와 같이 명백하게 자기방위를 위해 보안 "벽"을 쌓고 있는 데에서 구체적으로 확인할 수 있습니다. 뿐만 아니라 심리 면에서도 홉스가 말하는 "폭력사暴力死에 대한 공포"가 일상생활에 따라다닙니다. 분명히 말하자면 문명의 극치를 자랑하는 미국은 이중의 의미로 "자연상태"에 가깝습니다. 하나는 홉스가 "고독하고 가난하며 더럽고 야만스러우며 짧다"고 형용한 것 같은 삶을 살 수밖에 없는 이른바 "하류계층" 인구를 무수하게 떠안고 있다는 의미에서, 또 하나는 타자에 의한 폭력의 공포가 생활양식 그 자체를 구성하고 있다는 의미에서요. "폭력적인 배제"가 "폭력의 회귀"를 야기하고 있다—이것이 현재 미국의 모습이 아닌가요.

이러한 "폭력의 회귀"에 관한 문제를 생각할 때 아렌트의 말은 매우 시사적입니다. "문명에 대한 어떤 치명적인 위험도 이제는 외부로부터 오지 않는다. …… 위험은 글로벌한, 보편적 관계를 가지는 문명이 그 한가운데부터 수백만 사람들에게 황량한 상황—그 외관이 어떻든지 간에—을 강요한 결과 야만이 생성되는 것으로부터 온다"(《전체주의의 기원》).

문명론적 시점의 문제성

스기타 ●●● 헌팅턴이 여러 문명이 있다고 말할 때 도대체 무엇을 의도한 것인가? 다른 문명을 존중하고 싶어서 그렇게 말한 것인가? 전혀 아니죠. 그가 보기에 다른 문화, 즉 이문화는 야만이라는 말을 하고 싶었던 겁니다. 그러나 '이문화=야만'이라는 도식을 겉으로 드러내고 논의하는 것은 역시 껄끄럽습니다. 그래서 문명이라는 단어를 가지고 온 겁니다. 일종의 '종이비행기 태우기' 같은 거죠. 누군가를 공격하고 싶을 때 "너희는 야만인이다"라고 외치면 명예훼손이 되기 쉽습니다. 이와 달리 "당신들의 문명은 완전히 다르다"라고 외쳐도 명예훼손이 되지는 않습니다. 게다가 그걸로 충분히 목적한 바를 이룰 수 있죠. 이문화와의 커뮤니케이션 가능성을 배제하고 싶기 때문에 굳이 그것을 문명이라고 부르고 있는 겁니다.

이 문제를 조금 전의 가토 노리히로 선생님의 말과 관련시키면 재미있는 논점이 하나 나옵니다. 후쿠자와의 도식과 같이 야만에서 반개, 문명이라는 연속성을 생각하는 것은 어떤 의미를 가지는가. 현재는 야만이라고 불리는 사람들도 언제까지나 거기에 머물러 있는 것이 아니라 언젠가는 '문명의 은택을 입는' 것이 가능할지도 모른다는 논점 말입니다. 즉 시간 축을 넣음으로써 상대를 이질적인 것으로 구별하는 것이 아니라 일종의 잠재적인 동질성으로서 포섭하는 식의 도식이 가능해지는 것이지요. "문명의 충돌"론에서는 그런 연결은 없습니다. 아무리 시간이 흘러도 다른 것은 다른 상태 그대로이며 접점은 전혀 없습니다.

물론 우리는 후쿠자와적인, 또는 보다 넓게 근대화론적인 문명-야만 도식을 비판하고 싶습니다. 그러나 거기에서 생각해야 할 것은 가토 선생님이 지적하고 있는 것 같은 '신흥계층'을 어떻게 문제 삼을 것인가입니다. 하나는 '신흥계층이 되어야 한다'는 발상 자체가 불온하다는 생각입니다. '신흥계층'에 대해서는 통상 경제적 풍요로움이 지표로 생각되는데 그런 지표를 세우는 것 자체가 무의미하다는 논의도 불가능하지는 않습니다. 근대화를 추진해온 하나의 동기부여로서 끝없는 물질적 욕망이 있는 것인데 그 점을 문제 삼는 것이지요. 청빈한 것이 뭐가 나쁘냐는 논의입니다.

다른 하나는 생활의 개선, 생활수준의 향상 측면은 인정하지만, 그것을 국제사회에서 제로섬적인 지위 다툼 같은 것과 연결시키는 데에는 반대한다는 생각입니다. 세계에 '일등국', '삼등국'과 같은 계층 질서가 있다는 상정은 하지 않아도 좋지 않은가라는 것이지요. 이는 근대화의 또 하나의 동기부여로서의 집합적 아이덴티티 요구, 즉 민족으로서의 자부심 같은 것에 대해 문제를 제기하는 논의입니다. 이렇게 크게 두 가지 논점이 있다고 생각합니다.

다카하시 ●●● '신흥계층'으로서의 근대화, 생활수준을 향상시키고 '풍요롭게' 되고 싶다는 욕망이 내부로부터 나오는 한 이를 부정하는 일은 아마 그 누구도 할 수 없다고 생각합니다. 하지만 탈아론적 발상은 결코 후쿠자와식의 그것뿐 아니라 다른 한편으로는 상승 지향으로서 하나의 직선 계층 안에서 더 위의 계층으로 올라감과 동시에 부정적인 것을 자기 밖으로 투사해가는, 조금 전에 그걸 "냄새나는 것"이라고 말씀하셨는데, 무언가 그런 마이너스 이미지를 타자 측에 투사함으로써 그것을 부정적인 지렛대로 삼아 상승해간다는 구조가 있는 것입니다.

강상중 선생님이 타자 문제라는 것을 말씀하셨는데 바로 이것이 타자의 표상 문제입니다. 타자의 부정이라고 할 때 스기타 선생님이 말씀하신 것처럼 완전히 이질적인 것, 상호 간에 서로 받아들일 수 없는 것으로 생각할 것인가, 아니면 어떤 가치의 계층 안에서 상승 가능한 것으로 생각할 것인가, 확실히 그런 차이가 있다고 생각합니다. 하지만 어느 쪽이 타자를 '존중'하는 것인지 실은 미묘한 문제입니다. 후자와 같은 동화 정책이라고 할까요, 타자를 자기 기준으로 평가하여 자기의 기준 틀 안에서 "내게 가까이 오라"는 발상. 이는 식민지주의의 동화주의로 이어집니다. 이 또한 타자를 부정하는 방법 중 하나로 나치와 같이 완전히 타자를 폐절시키고 마는, 유대인을 그야말로 "냄새나는 것"으로 취급하여 자기의 부정성을 전부 거기에 투사한 뒤 말살하는 그런 태도로 나오는 것 외에, 타자를 부정하는 또 하나의 방법으로서 그야말로 일본이 한반도에서 행한 것과 같은, 또는 프랑스가 알제리 등에서 행한 것과 같은, 통합·포섭 속에서 동화에 의해 타자의 타자성을 완전히 없애가는 방법도 있습니다. 양쪽 모두 타자의 부정이라는 점에서 변함이 없죠. 문명론적 시점이라는 것의 문제는 오히려 그런 점에 있다고 해도 좋습니다.

'따라잡기'의 불가능성

강상중 ●●● 그 점과 관련이 있는데 지금 스기타 선생님과 다카하시 선생님이 말한 것은 매우 중요합니다. 조금 관점을 바꾸어 말하면 예컨대 월러스틴이 말하듯이 적어도 근 수십 년간 이른바 미국의 중산계층의 하위수준 정도의 소득계층이 세계 인구에서 차지하는 비율이 감소하고 있고, 이는 세계적으로 보면 이들이 더 위의 계층으로 올라갈 수 없는 구조가 더욱 고착화되고 있다고 말할 수 있겠죠.

문제는, 조금 전에 스기타 선생님이 매우 예리하게 지적해주셨듯이, 야만–반개–문명이라는—다카하시 선생님식으로 말하자면—시간 축에서의 진보주의 같은 것의 전제가 무너지고 있다는 겁니다. 그러한 전제는 근대화론에서 말하면 '따라잡기'라고 생각합니다. 후쿠자와는 바로 그 '따라잡기'를 위해 도대체 무엇이 필요한가를 생각했습니다. 대외적·내외적으로 마루야마 선생님은 어느 시기 후쿠자와에게는 항상 대외적 배려가 선행하고 있었다고 말합니다. 대외적 배려란 일신 독립, 일국 독립의 의미로, 특히 일국 독립이 중요한 주제였다고 생각됩니다. 이에 대해서는 여러모로 비판도 있겠으나, 거기에서는 역시 '따라잡기'는 가능하다는 전제가 있었다고 생각합니다.

그런데 전후 1970년대 말 즈음부터 라이샤워식의 근대화론이라는 것은 현실에 의해 부정되었습니다. 특히 78년에 팔라비 체제가 붕괴하고 이란 혁명이 일어났으며, 그리고 79년 한국에서는 박정희가 사살되었습니다. 이 사건들은 대단히 상징적이었다고 생각합니다. 요컨대 제3세계의 '따라잡기' 식의 근대적 모델 케이스가 좌절된 것입니다.

이들 체제는 권위주의적인 사회였지만, 다분히 일본을 비롯한 독일 등 '선진국'도 근대화의 도상에 그런 성격을 농후하게 가지고 있었습니다. 권위주의적 사회는 모두가 노력해서 신분제적인 장벽이 없어지면 사회 내에서 신분의 이동성이 높아집니다. 상승 지향도 가능하며 신흥계층으로 올라설 수도 있습니다. 하지만 그건 역시 조금 전에 이야기한 것과 같이 언제나 포섭이었다고 생각합니다. 폭력적으로 배제하는 것이 아니라 내포하는 것이죠. 부의 순환은 이처럼 '따라잡기'를 하려는 사람들이 있음으로써 국가경제력이 높아진다는 발상이었다고 생각합니다. 그러나 그런 발상은 70년대 말부터 실효성을 잃어버리게 되었습니다. 거기에서 대처리즘이 나왔고 레이거노믹스도 나왔습니다, 물론 그전부터 진행되고 있었다고는 생각하지만.

그러면 지금의 문제는, 일본의 경우 과거의 역사를 되돌아보면 그렇듯, 신흥계층이 될 수 있다는 구조적 가능성이 대부분 소실되었다는 점, 즉 '따라잡기'가 불가능하게 된 점에 있습니다. 불가능하다는 것을 깨달은 사람들이나 집단이 세계에 무수히 존재하며 그들 중 일부가 일거에 뛰어넘으려고 하기보다는 보다 위의 계층으로 진행 중인 사회를 부수는 방향으로 향하고 있는 것은 아닌가 생각됩니다.

신흥계층이 될 수 없는, 즉 '따라잡기'를 할 수 없는 사람들이 그런 파괴라는 형태로 나왔을 때, 이 또한 스기타 선생님이 말씀해 주셨듯이 "문명의 충돌"밖에 안 되는 게 아닌가 싶습니다. 즉 신흥계층으로 올라선 편에서 보면 그런 파괴적인 저항자는 타자이며 야만으로서 섬멸할 대상밖에 되지 않는다는 겁니다. 경우에 따라서는 선별적으로 폭력 행사가 이루어지는 것이지요.

적어도 전후부터 오일쇼크까지는 후쿠자와의 시대 이상으로 신흥계층이 될 수 있는 구조가 있다고 여겨졌습니다. 그것이 지금은 그렇지 않다, 그 점이 매우 큰 문제가 아닐까 생각합니다.

'내버리기'라는 권력 모드

사이토 ●●● 강상중 선생님이 말씀하셨듯이 '따라잡기' 식의 내포가 불가능해져서 자멸적인 폭력의 회로로밖에 비판이나 저항의 의지를 표현하지 못하는 사람들이 증가하고 있습니다. 가장 심한 경우에는 마약과 내전이 말 그대로 '통상 상태'가 되는 지역이 새로이 창출되고 있습니다. 조금 전에 다카하시 선생님이 타자를 부정하는 폭력으로서 절멸 그리고 통합=동화 속에서의 타자성 폐기를 말씀하셨습니다. 미셸 푸코의 말을 빌리자면 "적극적으로 살리기"인가—이는 통합=동화의 권력입니다—"죽음 속으로 폐기하기"인가—이는 절멸의 폭력입니다—에 더하여 "생존에 맡기기"라는 권력 모드가 있습니다. 이러한 '내버리기', '방치하기'라는 권력 모드가 전면적으로는 아니더라도 지금 다시 돌아온 것은 아닌가 싶습니다.

모두가 '따라잡기'를 할 수 있는 힘을 가진 것은 아니며 모두가 '따라잡기'를 하기 위한 문화적 자원을 부여받고 있지도 않습니다. 글로벌 자본주의의 '재-식민지화' 프로세스는 시장 가치가 있다고 하는 곳만을 선택적으로 내포합니다. 노동시장으로서도 상품시장으로서도 전혀 매력이 없는 곳은 '재-식민지화'의 표적조차 되지 않습니다. 냉전이 끝나고 정치적인 내포의 의미가 옅어진 것도 큰 요인이 되고 있습니다. 그런 만큼 경제적인 내포/배제의 논리가 부상하여 아프가니스탄이나 카슈미르 또는 아프리카의 많은 곳이 내포할 가치가 없다고 여겨져서 버려지고 있습니다. 절멸과 동화의 폭력 대신에 방치하기, 내버리기라는 폭력 패턴이 나타나고 있는 것이지요. 테러리즘의 폭력은 한편으로는 힘이 "정의"가 되고 있는 상황에 대한 울분으로서, 그렇게 내버려진 곳으로부터 일어나고 있다고 생각합니다.

이는 국내에 대해서도 그렇게 말할 수 있습니다. '따라잡기'는 모든 사람에게 가능한 것이 아니며 게임에 참가할 자격이 엄격하게 요구됩니다. 한 번 정도는 재-도전을 허락할지도 모르지만 두 번, 세 번 내포를 위한 기회가 주어지는 것은 아닙니다. 모든 사람이 필요하지는 않게 되고 내포는 매우 선택적인 것이 되어 '쓸모없는 자' 라는 카테고리의 존재가 용인됩니다.

다카하시 ●●● 통합 내지 동화, 또는 배제 내지 절멸이라는 이항 대립 외에 '내버리기' 라는 방식도 있다는 것이지요. 분명히 그렇죠. 그것은 완전히 새로운 것이 아니라 고전적인 문명사관 안에도 있었습니다.

후쿠자와의 《문명론의 개략》을 읽어봐도 대개 중국이나 조선에 대해서는 정체사관이죠. 그가 고대 이래 줄곧 역사가 정체하고 있으며 발전이 없다는 발상으로 헤겔을 읽었는지 어땠는지 모르겠지만, 이는 헤겔의 발상과 많이 닮아 있습니다. 헤겔의 문명사관은 바로 고대 그리스·로마부터 근대 서구를 거쳐 문명이 세계화해간다는 것인데, 그 도식 속에도 '내버려진' 곳이 있었습니다. 바로 아프리카입니다. 아프리카는 본질적으로 가망 없으며 역사 없는 대륙으로 여겨지고, 역사는 아시아, 즉 중국부터 시작하고 있습니다. 그런 의미에서 보면 아프리카는 오늘날까지 계속 내버려진 상태였다고 할 수 있을지도 모르겠습니다. 거꾸로 말하자면 지금 글로벌화에서 내버려져 있는 부분은 '아프리카화' 되고 있다고 말할 수 있을지도 모르겠습니다.

공존은 가능한가

스기타 ●●● 조금 전의 이야기와 관련지어 말하면, 문명과 야만을 둘러싼 존재방식은 야만에서 문명으로라는 계몽의 과정으로 묘사되는 것, 아니면 헌팅턴식으로 "문명의 충돌"로 묘사되는 것 두 가지밖에 없는 것이 아닙니다. 아마도 조금 더 다른, 헌팅턴식이 아닌 의미로의 문명의 병존, 병존하면서 그 지평이 융합해가는 것과 같은 그런 방향을 향해서 가는 것도 있을 수 있습니다.

그런데 지금까지는 동화인가 아니면 대립이나 분단인가라는 어느 한 쪽의 가능성밖에 생각하지 못했습니다. 이는 일본만이 아니라 세계적으로 봐도 그렇습니다. 그 점을 문제로 삼아야 하는 것은 아닐까요? 일본에서 그간 후쿠자와 붐이나 '새로운 역사 교과서를 만드는 모임'에 관한 논의처럼 왜 과거에 시선이 가고 그것도 다름 아닌 신흥계층 같은 담론이 소비되고 있을까요? 그 이유는 역시 그런 자화상이라고 할까, 그런 자기규정밖에 눈에 띄지 않고 그것을 재확인함으로써 안심하고자 하기 때문입니다. 바로 사이토 선생님이 말씀하셨듯이 상황은 상당히 변화하고 있지만 이에 대응할 수 없다, 이런 것이 일반적 상황이죠.

여전히 일본은 서양적인 기준에서 '따라잡기'의 우등생으로서의 근대사를 살고 있으며 그것을 재확인하면 안심할 수 있다, 아직 아시아·아프리카의 '그들'에 비하면 우리는 '따라잡기'하고 있다는 식의 담론에 기대려 하고 있다, 그런 일종의 노스텔지어에 불과하다고 생각합니다.

따라서 이에 대해 비판하는 우리도 한편으로는 그것이 시대착오
적이라는 점을 비판하면서 그와 동시에 다른 방식의 말을 조금 더
찾아내야 한다고 생각합니다.

강상중 ●●● 지금 다카하시 선생님과 스기타 선생님의 논의를 생
각하면, 이번 사건과 같은 것은 역시 자본의 원시축적부터 시작된
폭력성이라는 것이 다시 한 번 상당히 정교해진 형태로 전 세계적
으로 출현하고 있다고 봤을 때, 자본주의 시스템 자체가 제어장치
를 구비하지 못해서 나타난 것이라고 할 수 있지 않을까요. 이것은
이데올로기적으로도 또한 경제적인 제도에 있어서도 그렇다고 생
각합니다.

자본주의 시스템 자체가 제어장치를 구비하지 못한 상황에서 결
국 그것에 대한 저항이 이런 하나의 비정규적인 폭력성으로 나타
날 수밖에 없다는 위험성, 그것을 어떻게든지 방지하려 한 것이
적어도 19세기 이래 문명의 측에서 걸어온 시행착오의 길이었다
고 생각합니다. 케인즈주의도 그 연장선상에 있다고 여겨지고요.

월러스틴은 1960년대까지는 적어도 세계적으로는 이렇게까지 빈
부의 격차는 없었으며 제어장치가 제거되면서 성립한 부의 증식,
이것이 시스템 그 자체를 사멸에 이르게 했다는 식으로 말합니다.
하지만 과연 그런지는 잘 모르겠습니다. 다만 그만큼 큰 문제가 아
닐까 생각합니다.

올해(2002년-옮긴이) 남아프리카공화국에서 예의 세계인종차별 철폐회의International Conference Against Racism가 열렸습니다. 근대 초기에는 세계적으로 이른바 원주민에 대한 집단 학살이 있었습니다. 한편으로는 그때의 일을 다시 기억하고 그에 대한 나름의 청산을 촉구하는 움직임이 있으며, 다른 한편으로는 그에 참가하지 않은 나라가 문명의 이름으로 아프가니스탄을 공습하고 있는 것입니다.

아무튼, 그야말로 문명사적으로 말하면 그렇게 15~16세기부터 있었던 역사를 청산하자는 움직임까지 나온 마당에 이를 뒤집을수는 없겠죠. 그럴 수는 없지만 자본주의 시스템에는 이미 그것과 가까운 정도의 일종의 '야만적인' 면이 있습니다. 그리고 그 부조리가 해결되지 않은 채로 결국 조금 전의 연구보고에서 다카하시 선생님이 "might is right"(힘이 정의)라고 말했듯이 그런 일이 벌어지려 합니다. 그리고 이를 정당화하기 위해 스기타 선생님이 말한 것처럼 두 번째의 "충돌"이라는 테제가 나왔습니다.

그리고 세 번째로 무엇을 생각해야 할까요? 그와는 다른 것으로 역시 공존일까요? 매우 아이러니한 것은 79년의 이란혁명 당시 독일에 있던 하타미Mohammad Khatami* 대통령이 설마 "문명의 대

---

* [옮긴이주] 모하마드 하타미Mohammad Khatami(1943~). 이란의 정치가. 1997년 이란의 대통령 선거에서 폭넓은 지지를 받아 대통령이 되었다. 사회 정책 문제에 대해서는 온건한 입장으로 재임기간 동안 보수주의자들과 많은 갈등이 있었다. 2000년 총선에서 하타미의 개혁파는 보수파를 누르고 승리했고, 2001년 대통령 선거에서도 하타미가 승리하며 재선에 성공했다. 하타미는 3선이 금지되어 있는 헌법에 따라 2005년 대통령 자리에서 물러났다.

화"라는 것을 미국에 호소할 줄은 상상도 못했다는 점입니다. 물론 이란의 체제 자체에 문제는 있겠지만 오히려 전 국무장관인 올브라이트가 매우 순순히 하타미 대통령의 연설을 듣고 있었다고 합니다. 그건 지금까지 근 20년간 역사의 역설처럼 생각됩니다. 그러니까 공존은 성립할 것이며 일찍이 이슬람 원리주의라는 형태로 야만의 전형으로 불렸던 나라가 립서비스일지언정 "문명의 대화"를 말하고 있는 것이니까요.

이상과 같은 것을 생각할 때 모더니티라는 것에 대해 공간적으로도 시간적으로도 한 번 더 근본적으로 되짚어보는 것이 중요하다고 생각합니다. 물론 단순한 근대 부정이라든지 근대의 초극이라는 논의여서는 안 되겠죠.

아시아주의 재고再考

강상중 ●●● 이런 과제를 생각하면 마루야마 선생님의 후쿠자와 이해는 '곰보도 보조개' 식의 것이 아닌가라는 생각이 듭니다. 이런 이해에서는 당연히 자신감 과잉인 신국가주의에 대한 비판은 가능하지만 지금의 문제에는 대응할 수 없다고 생각합니다. 마루야마 선생님에 의하면 후쿠자와의 문명론은 아시아주의와는 무관하며 애초에 "탈아입구"라는 슬로건이 아시아주의와는 맞지 않으므로 후쿠자와 이후의 아시아 침략을 연결시키는 것은 난센스라고 합니다. 게다가 마루야마 선생님에 따르면 후쿠자와는 "탈아입구"라는 말을 기껏 1, 2회밖에 사용하지 않았다고 합니다. 확실히 아시아주의의 언설이 침략 이데올로기가 되었다는 것인데 일본 국가는 공식적으로 "아시아주의"라는 말은 하지 않았습니다. "대동아공영권"도 거의 실체 없는 관념상의 말이지요.

문제는 오히려 예컨대 정치사가인 미타니 다이이치로三谷太一郎*등이 지적하고 있듯이 '3·1 독립만세 사건'이 일어난 이후 일본 지도층 가운데 윌슨주의도 나오고 앞으로 식민지는 대외적인 정당성을 잃고 있다는 생각이 나왔으며, 1920년대 말 즈음부터 '식민'이라는 말이 명목상으로는 없어지고 대신 리저널리즘 즉 지역주의 사고가 대두한 것입니다. 그런 사고가 신동아질서가 되기도 하고 대동아공영권이라는 아시아주의적 슬로건이 됩니다. 국가주의는 이미 낡았다고 여기고 일본과 아시아, 특히 중국과의 연계를 모색했던 거죠. 그 본심은 항일을 통해 확산되고 있던 중국의 국가주의를 견제하면서 일본 주도의 신아시아질서를 건설하는 데 있었다고 생각합니다. 이런 상황 아래에서 일본과 "지나"의 문화를 분리하고 일본의 근대적 "선진화"를 주장한 쓰다 소우키치津田左右吉**와 같은 학자가 전쟁 중에 추방되었으며 후쿠자와도 평판이 매

---

* [옮긴이주] 미타니 다이이치로三谷太一郎(1936~). 정치학자, 역사학자. 동경대학 명예교수. 다이쇼 데모크라시 시기의 일본정치사 연구로 유명하다. 저서로는 《日本政党政治の形成—原敬の政治指導の展開》(1967), 《大正デモクラシー論—吉野作造の時代とその後》(1974), 《二つの戦後—権力と知識人》(1988), 《近代日本の戦争と政治》(1997) 등이 있다.

** [옮긴이주] 쓰다 소우키치津田左右吉(1873~1961). 일본의 역사학자. 《日本書紀》, 《古事記》를

우 안 좋았던 것입니다.

그리고 패전하자 아시아주의는 전부 잘못이며 그에 비해 본래 후쿠자와가 말했던 것은 옳고 그 근대주의에서 벗어났기 때문에 전쟁이 되었다는 해석이 '통설'이 되었습니다. 그러나 아시아주의는 역시 명목상으로는 후쿠자와가 생각했던 것 같은—후쿠자와는 상당히 이른 시기부터 조선의 식민지 경영에 대한 득실을 논하고 있었습니다—것이 국제적으로 제지되었을 때 나왔던 것이죠. 따라서 그들은 역시 이어져 있다고 생각합니다. 이어져 있으면서, 아시아주의적인 지역주의를—이를 부정하는 작업은 전후에 있었지만—만들어낸 후쿠자와적인 것은 상당히 결백한 형태로 남아 있는 것이 아닐까요.

저는 현재는 가능성으로서는 오히려, 하기 나름이겠지만, '사생아'(=지역주의) 쪽에 가능성이 있지 않을까, 이런 생각을 좀 더 발전시켜야 하는 것은 아닐까 생각합니다. 물론 지역주의로서의 아시아주의의 사상적 계보와 그 실태를 역사적·비판적으로 철저하게 이해하는 작업이 필요합니다. 그것이 문명과 야만의 대안이 될지 어떨지는 모르겠지만, 지금은 그렇게 생각하고 있습니다.

다카하시 ●●● '사생아'로서 아시아주의 안에 있던 가능성 말입

근대적인 사료 비판의 관점에서 연구했다. 저서로는 《文学に現われたる我が国民思想の研究》(1917-21), 《古事記及び日本書紀の新研究》(1919), 《神代史の研究》(1924), 《支那思想と日本》(1937), 《歴史学と歴史教育》(1959) 등이 있다.

니까? 예컨대 미야자키 도텐宮崎滔天*과 같은…… 분명히 후쿠자와적 탈아입구 노선에 대한 안티테제로서 나카에 조민中江兆民**부터 고토쿠 슈스이幸德秋水,*** 사회주의, 무정부주의에 이르는 흐름을 별개로 한다면, 큰 움직임으로서는 아시아주의라는 것이 있겠죠. 우익적인 것도 포함해서.

일본의 아시아주의라는 것을 어떻게 평가할지에 대해서는 어려운 문제이므로 여기서는 더 깊게 들어가지는 못하지만, 역시 강상중 선생님이 말씀하신 것처럼 일단은 동아시아라는 것을, 예전에 아시아주의가 빠져든 잘못—요컨대 일본의 맹주성을 전제로 했기 때문에 침략을 정당화하게 되었다고 하는—을 뒤돌아보면서 지금까지와는 다른 형태로 구축해가는 것을 대안으로 우선 생각할 수 있습니다. 최대의 문제는 역시 일본의 전후책임과 식민지 지배 책임이, 교과서 문제나 야스쿠니 문제를 들 것까지도 없이, 현재에 이르기까지 동아시아 근린국가들과의 사이에 매우 큰 단절을 만들고 있으며, 정치 수준에서는 항상 화해한 것처럼 연출되어도

---

* [옮긴이주] 미야자키 도텐宮崎滔天(1871~1922). 혁명가, 로쿄쿠가浪曲家(일본전통예능인). 자유민권운동, 아시아주의운동에 관여했으며 일본에서 쑨원을 지원해 신해혁명을 지지했다.

** [옮긴이주] 나카에 조민中江兆民(1847~1901). 사상가, 저널리스트, 정치인(제1회 중의원의원총선거 당선). 프랑스의 사상가 장 자크 루소를 일본에 소개하여 자유민권운동의 이론적 지도자로 추대받았다. '동양의 루소'로 불린다. 역서 및 저서로는《民約訳解》(1882~83),《三酔人経綸問答》(1887) 등이 있다.

*** [옮긴이주] 고토쿠 슈스이幸德秋水(1871~1911). 저널리스트, 사상가, 사회주의자, 무정부주의자. 나카에 조민에게 사사받았다. 대역사건大逆事件으로 처형되었다.《自由新聞》,《萬朝報》,《平民新聞》 등에 논설을 실었으며 대표적인 저서로《廿世紀之怪物帝国主義》(1901)이 있다.

무슨 일인가가 늘 반드시 분출된다는 것이지요 이 부분이 역시 일본 측에 있는 최대의 문제이며 우선 이를 해결해야 한다고 생각합니다. 그리고 한 가지 더 일본 측에 있는 문제는 중국에 비해 한국·조선을 경시하는 경향입니다. 그 히로마쓰 와타루廣松渉*마저도 만년에 "일·중을 축으로 동아시아가 세계사의 중심으로"라고 썼습니다. 예전의 아시아주의에도 있었던 경향이지만 완전히 청산해야겠죠.

한 가지 더 생각을 말하면, 바로 오늘의 큰 주제와도 관련되는데, '미국' 문제라는 것이 동아시아에서 어떤 의미로는 공통의 문제로 존재하고 있다는 점입니다. 이에 대해서는—물론 일본의 전후책임은 제대로 해결하지 않으면 안 되겠지만 이를 전제로 한 조건이라면—상당한 정도로 공통 인식 내지 연대가 가능하지 않을까 생각합니다. 올 여름에 북한과 한국에 연이어 다녀왔는데 북측의 판문점에서 남측을 보면서 압도적으로 느끼는 것은 미군의 존재입니다. 미군이 전방에 있고 그 배후에 일본이 있으니 북측 병사가 연약하게 보여서 매우 애처로웠습니다. 한편 한국에 가면 거기대로 미군기지 문제로 사람들이 실제로 위기감을 가지고 있습니다. 그리고 한국전쟁 당시 미군에 의한 민중학살 사건이 밝혀지고 있습니다. 북에서 약 100건, 남에서 약 60건, 그런 사건이 있었다고

---

* [옮긴이주] 히로마쓰 와타루廣松渉(1933~1994). 철학자, 도쿄대학 명예교수. 필명은 카도마쓰 교쇼門松曉鐘 등. 저서로는《マルクス主義の地平》(1969),《世界の共同主観的存在構造》(1972),《唯物史観と国家論》(1982),《生態史観と唯物史観》(1986) 등이 있다.

들었습니다.

오키나와 미군기지 문제는 말할 것도 없지만, 어떤 의미로는 냉전 종료 후 미국의 폭력이라는 것이 새삼 여러 각도에서 드러나고 여러 기억이 수면 위로 올라오면서 다시 문제시되고 있습니다. 지금 세계의 글로벌한 상황과 결부시키면서 동아시아의 네트워크를 만들어갈 한 가닥의 날실이 거기에 있을지도 모르겠다는 생각이 들었습니다.

사이토 ●●● 솔직히 말하면 '아시아주의'라는 이미지가 아직 잘 안 떠오릅니다. 말 그대로 아시아는 단일하지 않다는 것도 있지만, 아시아에서도 현재 창출되고 있는 분단이 역시 신경 쓰입니다. 중국만 봐도 생계수단을 박탈당하고 도시의 슬럼에서 어찌어찌 연명해갈 수밖에 없는 형태로 쫓겨난 사람의 수가 어마어마합니다. 국가 테러리즘, 적어도 국가에 의한 치안 관리 대상이 되어 있는 사람들도 적지 않습니다. 동아시아 지역주의라고 할 때 누구와 누가 손을 잡고 누구와 누가 분단되며 누가 경제적·정치적으로 무력화된 경우에 놓이는 것인가요?

강상중 ●●● 그런 문제는 분명히 있지만 결국 자유민주주의+시장경제가 '세계 표준'이며 이에 따르지 않는 인간은 '이질'이고 경우에 따라서는 '무법자 국가'가 되고 맙니다. 그들을 봉쇄하기 위해 미국은 군사적인 원격 영지를 세계 곳곳에 마련한 것입니다.

그것이 북동아시아에서는 한국과 일본에 있습니다. 중근동이나 NATO를 제외하면 이곳밖에 없죠. 오키나와는 미국 최대의 근거지인 동시에 원격 영지라고 생각합니다. 그러므로 제가 "지역적인"이라고 말한 것은 우선 그렇게 두 개의 큰 원격 영지를 두고 있는 사회가 이 일에 어떻게 대처할까라는 문제가 있기 때문입니다. 그런데 이 대처 방식이 두 나라 사이에 확실히 확립되어 있지 않은 상태입니다. 조금 전 다카하시 선생님의 말을 빌리자면 오히려 양자는 대립하고 있습니다.

우선 동북아시아에 어떤 것을 만들 것인가라고 할 때, 역시 글로벌한 군사력에 의해 관리되고 있는 현재의 경제시스템이나 풍요로움을 지탱하는 기반으로서의 군사적인 원격 영지가, 극동아시아에서는 이 두 나라에 있는 것입니다. 미국에게는 상당히 사활이 걸린 의미 있는 존재입니다. 걸프전 때에도 그랬고 이번에 아프가니스탄에서도 이 두 기지가 없었으면 미국은 사실상 활동할 수 없었다고 생각합니다. 그러므로 먼저 무엇을 배제할 것인가를 말 하기 전에, 그곳을 없앤다는 말이 나올지는 모르겠지만, 그러기 위한 방법이 있을 것이라고 생각합니다.

그러니까, 지역주의를 내세워서 어디가 어떻게 배제되었는가를 말하기 전에 이 원격 영지를 단계적으로라도 없애는 일이 필요하지 않을까 생각합니다.

사이토 ●●● 일본과 한국에 있는 미국의 '군사적 원격 영지'를 단계적으로 없애자, 글로벌한 군사 헤게모니 안에서 공통의 위치를 함께 되찾자는 것이라면 전혀 이의는 없습니다. 기지 문제에는 바로 현재의 안보 문제가 집약되어 있습니다. 안보를 위한 군사기지가 안전하게 안심하고 살 수 있다고 하는 인간의 안전을 제일 먼저 파괴하고 있다는 것은 이미 자명하니까요. 군대에 의한 안전보장의 모순을 오키나와는 질리도록 맛봐왔습니다.

물론 사회의 군사화가 진행되는 속에서 기지 문제는 매우 큽니다. 하지만 오키나와 기지뿐 아니라 유연한 병참 담당으로서 바라던 대로 '후방 지원 국가'로서 일본 전체가 자리 잡아가는 문제도 앞날을 주시하면 크지 않을까 생각합니다. 설령 고정적인 기지가 없어졌다고 해도 그로 인해 사회의 탈–군사화가 진행되지는 않는다는 문제입니다.

미국이 정의하는 '국제사회'

다카하시 ●●● 조금 전에 사이토 선생님이 미국이 진정 문명인가, 폭력을 내재한 사회가 아닌가라는 말씀을 하셨습니다. 강상중 선생님은 더반회의를 말씀하셨습니다. 더반회의는 앞으로 장기적으로 식민지주의 문제에 대해 논의하자는 것으로 처음으로 당사자가 한 테이블에 앉은 것이었습니다. 아프리카 국가들이 노예무역 외에 다른 보상까지 받으려고 해서 결국 잘 안되었지만 미국은 그 회의에서 이스라엘의 팔레스타인 탄압이 문제로 제시된 것에 항의하면서 결국 자리를 떠버렸습니다.

국제형사재판소ICC(Internationl Criminal Court) 문제도 그렇습니다. 지금까지 뉘른베르크나 도쿄, 1990년대에 들어 구舊유고, 르완다와 당면한 문제를 해결할 목적으로 국제형사법정을 만들어왔는데 그것을 영구적인 것으로 하고자 1998년 7월에 로마회의에서 조약이 체결되었습니다. 139개국이 서명하고 60개국이 비준하면 설립되는 것으로 하여, 침략, 통상의 전쟁 범죄, 인도에 대한 죄, 그리고 집단 학살을 당사국이 재판할 의사가 없거나 또는 능력이 없는 경우에 재판하는 법정으로서 구상되었습니다. 독일, 이태리, 프랑스, 캐나다 등이 꽤 적극적이며 러시아나 현 유고슬라비아 등 군사적으로 불안정하다고 생각되는 나라도 상당수 포함되어 있습니다. 이에 비해 미국은 일관되게 이 조약의 성립을 저지하려고 방해해왔습니다. 그리고 서명 기한이 임박한 2000년 12월 31일에 클린턴이 서명했는데 부시정권이 된 후 "비준하지 않겠다"고 강하게 말하고 있습니다. 예컨대 이번 아프가니스탄 공격과 같은 군사행동을 생각할 때 ICC조약에 들어감으로써 미국이 받을 제약을 생각하여 오히려 이를 망치려고 해왔으며 또한 지금도 기회를 노리고 있는 것이죠.

이 ICC가 제대로 기능한다면 거기서 심판될 여러 행위를 억제하는 효과가 기대됩니다. 미국이 줄곧 그에 적대적이었던 의미를 생각하면, 이는 더반회의에서 자리를 박차고 일어났던 일과도 관련되는데, 이번 아프가니스탄 공격과 같은 군사행위의 자유를 유지하고 싶다, 즉 자신의 헤게모니, 글로벌한 군사적 패권을 앞으로도 계속 유지하고 싶다는 태도의 표명이라고 생각합니다. 그러나 반대로 말하자면 세계의 다른 나라들이 미국을 오히려 이 조약에 집어넣는 형태로 미국을 묶어둘 가능성도 있지 않을까 생각합니다.

덧붙여 말하자면 일본도 ICC에 서명하지 않았습니다. 중국도 서명하지 않았습니다. 일본은 더반회의에서도 극히 존재감이 없었습니다. 반대로 한국은 ICC에 서명했습니다.

사이토 ●●● 다카하시 선생님이 말씀하진 점과 관련됩니다만, 유엔개발계획UNDP 등으로부터 'Human Security'(인간의 안전보장)이라는 견해가 제기되었을 때에는 오염되지 않은 깨끗한 물을 마실 수 있다든지, 1차 진료를 받을 수 있다든지, 지뢰를 밟지 않고 살 수 있다든지, 글자를 읽을 수 있다든지 하는 그런 안전=Security—아마르티아 센의 말로 하자면 "기본적인 가능성capabilities"의 충족—가 의도되었을 터입니다. 그러나, 일본이 전형적이라고 생각하는데, '인간의 안전보장'은 테러나 약물로부터의 안전이라는 의미로 축소·왜곡되어 오로지 사회질서의 방위라는 의미로 오용되고 있습니다. 범테러리즘에 대해 '국제사회'를 어떻게 방어할 수 있을까라는 발상입니다. '인간의 안전보장'은 종래의 국가안전보장의 틀 안에 회수되어버렸습니다.

안전보장이 되지 않은insecurity 상태에 방치되는 부분과 테러리즘이나 약물에 대한 안전보장에 의해 견고하게 보호되는 부분이 세계 속에서 분명하게 분리되고 있습니다. 그때 일본이 어떤 태도를 취할 것인가. 앞으로도 더반회의에서 퇴석하고 ICC의 서명을 주저하며 소형무기에 대한 규제를 유명무실하게 만든 미국의 주니어 파트너로서 충실하게 따라갈 것인가, 아니면 미국이 정의하는 '국제사회'의 안전보장의 편파성과 왜곡을 제대로 비판하고 폭력 장치에 의거한 질서 유지가 결코 탈-폭력화라는 의미에서의 문명을 도래시키지 않는다는 것을 인식해갈 것인가. 미국이 제공하는 안전보장이 동아시아라는 지역에서도 진정 유효한지 어떤지를 되묻는 기회로서 '아시아주의'를 이해할 수 있을지도 모르겠습니다.

사실상de facto의 힘

스기타 ●●●● 후쿠자와 재평가로 나온 논의를 봐도 또는 9월 테러 이후에 분출된 언론을 보고 있어도 "2차 세계대전의 반성 포인트는 영미 측에 붙지 않았던 것뿐이다"라는 것이 일본의 통치 엘리트와 [현 체제를 지지하는] 체제파 지식인의 공통 인식입니다. 아시아와 함께 무엇인가를 한다는 것은 논외로 되어 있습니다. 독일 따위와 편을 먹은 것이 잘못이었다는 것은 인정하지만 미국이라는 나라가 가지고 있는 문제점에 대해 추급하는 일은 일절 하지 않는 것이 지금의 공적 이데올로기인 것이죠.

그 배경을 조금 더 말하자면 한편으로는 조금 전에 다카하시 선생님이 말씀하셨던 것처럼 국제법에 의해 분쟁을 해결한다는 방법이 있지만 다른 한편으로 미국이나 이를 추종하는 측의 논리라는 것은 요컨대 폭력에 의존한다는 것입니다. 세계질서는 집단적 폭력에 의해서만 유지됩니다. 그리고 예전에는 영국, 지금은 미국만이 그런 폭력을 책임질 사실상de facto의 능력을 가지고 있습니다. 그러므로 이와 연계함으로써 국제질서에 공헌한다는 것이 지금의 논의입니다. 그러나 설사 지금까지 무엇인가의 폭력을 축으로 해서 질서가 형성되어온 것처럼 보인다고 해도 정말로 그것이 폭력에 의해 창출되었는지 어떤지는 알 수 없습니다. 오히려 "미국이 강해서 거스를 수 없다"고 모두가 생각하면 실제로는 미국은 그다지 강하지 않아도 아무도 미국에 거스를 수 없게 되어 결과적으로 미국의 폭력이 질서를 만들어낸 것처럼 보이는 면이 다분히 있지 않을까요. 폭력이라는 것이 정말 현실적인 것인가 아니면 사람들의 머릿속에서 구성된 가상적인 것인가는 상당히 미묘합니다.

어느 쪽이든 대립점은 상당히 분명해졌다고 할 수 있습니다. 앞으로도 사실상의 힘이라는 존재를 전제로 생각할 것인가 아니면 법, 윤리에 근거해갈 것인가, 거기가 하나의 분기점이 된다고 생각합니다.

사이토 ●●● 처음의 연구보고에서 강상중 선생님이 "예외상황의 일상화" 문제를 지적하셨는데 지금 매우 신경.쓰이는 것은 일본의 국제정치학자가 대대적으로 모두(웃음) 예외상황에 있어서의 정치적 리더십을 칭양하고 있다는 점입니다. 법률 해석은 '신학 논쟁'과 마찬가지라고 잘라 말하면서 결과 책임을 사후적으로 추급하기만 하면 족하다고까지 단언합니다. 우선은 갈 때까지 가보자는 것이죠. 국제적 규칙을 어떻게 창출해갈 것인가를 고민해야 할 지식인이 사실상의 힘에 의한 세계질서 문제에 몰려서, 법적 규범을 오히려 자신이 붕괴시키는 것 같은 언설을 노골적으로 말하고 있는 것은 역시 우려할 만한 상황입니다. 푸코의 말을 빌자면 "질서"가 "법"을 능가하는 경향이 분명하고, "법"이 예외상태를 더욱 강화하기 위한 도구적 기능까지 하기 시작했습니다. 실제로 미국의 "반테러 애국법"은 시민적 자유의 대폭적인 제한을 인정하고 있습니다.

다카하시 선생님이 지적하신 "인권의 글로벌화"의 계기는 분명히 있다고 생각합니다. 희망적인 점에 대해서는 잠시 후에 언급하기로 하고 우선 우려되는 점을 들자면, 불행 중 다행으로 "인권"이 실제로 유효한 장면은 바로 사람들이 정치적·경제적으로 완전히 무력화된 장면이라는 것입니다. 생계 수단이 손상된 때에 그것을 어떻게 재생할 것인가 하는 장면이 아니라 이미 오랫동안 방치되어 상황이 극도로 악화되고 생존 그 자체가 위태롭게 된 때에 비로소 "인권"이 발동됩니다. "인권"이 발동되는 장면이 매우 한정적이 되어서 난민화된 이후의 사후적 구제라는 특징을 강하게 띠게 된 것은 아닌가라는 생각이 듭니다. 또한 그런 구제를 통해 선진국에 대한 거의 전면적인 의존성=종속성이 창출되고 있는 점도 신경이 쓰입니다.

강상중 ●●● 지금 세 분으로부터 몇 가지 매우 중요한 이야기가 나왔다고 생각합니다.

하나는 스기타 선생님이 말한 "사실상의 힘", 그리고 일종의 법이나 기타 여러 가지, 그야말로 문명적인 메커니즘과 수단으로 분쟁과 대립을 극복하는 방향.

후쿠자와 안에도 모순된 면이 보입니다. 예컨대 한편으로는 "압제도 또한 유쾌하리라"라는 "수심獸心", 즉 노골적인 힘을 사실상 긍정하는 입장. 그리고 다른 하나는 《서양사정西洋事情》인가 어디선가 만국공법상 열강의 주장에 정당성이 없으면 열강의 "수력獸力"과 싸우는 흑인에게도 항복한다라는 말을 하고 있습니다. 소위 베스트팔렌 조약 이래 가지고 있던 사실상의 국가의 힘이라는 것과 그로티우스적인 평화주의와 같은 것, 이 둘이 항시 있었다고 생각하는데 어느 쪽에 무게가 있었는가 하면 후쿠자와는 전자라고 생각합니다. 사실상의 힘의 상하관계라고나 할까요.

다카하시 ●●● 만국공법에 대해서도 그런 식으로 말하고 있는 면과—그런 점에서 마루야마 마사오적인 평가도 나오는 것이지만—다른 한편에서는 역시 그건 원칙에 불과하고 실질적으로는

"might is right"인 상태라고 하는 면도 있는데 역시 후자 쪽에 무게가 있죠.

자유주의의 위기?

강상중 ●●● 다만, 그 점을 생각할 때 한 가지 제기하고 싶은 문제는 조금 전에 "예외상황의 일상화"라고 말했는데 이는 자유주의의 위기와 어떻게 연계되어 있는가 하는 점입니다. 즉 슈미트는 "예외상황은 상태常態를 말해준다"고 하면서 자유주의의 위기를 "결단주의"로 극복하려고 했습니다. 그런데 월러스틴은 기본적으로는 19세기 이래의 지배적 이데올로기는 자유주의라고 서술하고 있습니다. 사회주의 이데올로기나 내셔널리즘이 있었지만 기본적으로는 자유주의가 세계 시스템의 가장 중심적인 이데올로기였다고 보는 것입니다. 물론 자유주의 일반으로는 이야기할 수 없고 분절화해서 더 자세히 봐야겠지만, 기본적으로 자유주의는 현실적인 폭력을 드러내지 않고 법이나 규칙으로 '탈폭력적'인 상태와 그야말로 '문명'적인 질서를 만들려는 사상과 실천입니다.

그런데 지금은 슈미트가 바로 주제로 삼은 것 같은 일이 도처에서 벌어지고 있는 상황입니다. 이는 모더니티 문제와도 관련되는데 자유주의의 근본적 위기가 시작된 것인지 어떤 건지, 이런 문제에 대해 특히 스기타 선생님과 사이토 선생님의 견해를 듣고 싶습니다.

그리고 스기타 선생님이 말씀해주신 문제는 대단히 중요하며 특히 요시다 시게루吉田茂* 평가와 관계가 있다고 생각합니다. 존 다워John W. Dower의 《요시다 시게루와 그 시대吉田茂とその時代》**를 봐도 요시다는 미일동맹이 영일동맹의 연장선상에 있다고 상정하고 미일안보 체결을 적극적으로 추진합니다. 즉 요시다의 입장에서 보면 영일동맹에서 일탈한 것이 일본이 잘못한 시발점이며, 거꾸로 말하자면 영일동맹을 체결하고 앵글로-색슨 세계의 규칙 안에서 중국을 평화적으로 탐할 수 있었을 것이라고 생각했던 것이죠. 그런데 중국의 권익을 독점하려고 하다가 만주사변이 일어나고 말았으니 기본적으로 그 반성은 전쟁에 대한 반성이라고 하기보다는 "왜 졌는가? 진 쪽이 나쁜 것이다", "일본의 군부도 나빴지만 기본적으로는 앵글로-색슨 세계에 저촉해서는 안 된다"는 반성입니다. 그것이 하나의 불문율이 되어 있는 것이지요. 일본의 전후 국내 정치는 그런 식으로 성립했다고 생각합니다. 단순히 외압에 의해서 강요된 선택은 아니었다는 것이지요.

그렇다면 조금 전에 스기타 선생님이 말한 테마는 실은 일본 정치의 국내 문제와도 연결됩니다. 그런 식으로 일본이 세계상을 만들

---

* [옮긴이주] 요시다 시게루吉田茂(1878~1967). 외교관, 정치인. 외무대신, 귀족원의원, 내각 총리대신, 농림수산대신, 중의원의원, 황학관대학皇學館大學 초대 총장, 니쇼가쿠샤二松學 舍장 등을 지냈다.

** [옮긴이주] 존 다우어John W. Dower(1938~). 미국의 역사학자. 매사추세츠공과대학 교수. 일본근대사 전공. 주요 저서로는 *War without Mercy*(1986), *Empire and Aftermath*(1988), *Embracing Defeat: Japan in the Wake of World War II*(1999) 등이 있다.

어버렸다, 그것은 탈아입구 이래로 변하지 않은 것이 아닌가라는 것이지요.

다카하시 ●●● 탈아입구에서 탈아입미로.

강상중 ●●● 기본적인 노선은 그렇습니다. 따라서 실제로 천황가의 유학 장소는 영국이죠. 언제부터 그랬는지는 조사해 봐야겠지만 지금도 역시 변함없습니다.

사이토 ●●● 자유주의에 대해 말하자면 조금 전에 지적하신 '따라잡기'가 가능하다, 능력과 근면과 약간의 행운만 있으면 문제없다고 하는 것은, 현실적인 폭력이 아니라 언설의 힘에 의해 질서를 유지하고자 했던 고전적 자유주의의 통치에서 빠뜨릴 수 없는 것이었다고 생각합니다. "당신도 함께 게임을 하여 그 게임에서 진 것이다"라고 하는 것이 "능력에 열려 있는 경력"="자연적 자유체계"로서의 질서를 정당화하는 힘이 되니까요. 게임 자체는 닫혀 있지는 않다는 것이지요.

그런데 신자유주의처럼 시장의 힘을 제어하지 않으면 한두 번 패자부활의 기회를 주기는 하겠지만 무수한 사람들을 더 이상 게임에 돌아올 수 없는 패자로 만들어 양산하게 됩니다. 그때는 더 이상 언설의 힘으로는 설득할 수 없습니다. 자기 책임이라고 말해봤자 게임이 그다지 열려 있지 않은 것은 분명하니까 말이지요. 이렇게 되면 자유주의는 언설의 힘이 아니라 폭력 장치에 호소하여 질서를 확보합니다. 신자유주의와 고전적 자유주의의 중요한 차이는 신자유주의가 합의에 기초한 질서 형성을 분명하게 단념하고 있는 점이라고 생각합니다. 영토를 가진 주권국가는 실제로 제3세계로부터의 이민 유출을 억제하는 장치로서의 역할을 하고 있으며 이는 신자유주의에 있어 매우 반가운 상황입니다. 불온한 것, 위험한 것을 눌러주고 있는 거니까요. 그런 폭력 장치로서의 국가의 역할이 글로벌화 속에서 오히려 강화되고 있으며 이는 앞으로도 당분간 지속되리라 생각합니다. 사스키아 사센Saskia Sassen*도 말하듯이 글로벌화는 전면적으로 국가를 퇴장시키는 것이 아니라 국가의 몇몇 기능을 역으로 강화시키고 있는데, 치안 관리를 위한 권력은 바로 그 중 하나인 것이죠.

스기타 ●●● 사이토 선생님의 논의와 관련해서, 홉스의 경우 옷 밑으로 갑옷이 비치는 것 같이 보이는데도 갑옷을 입고 있다고는 절대로 말하지 않습니다. 겉으로는 어디까지나 의복을 입은 세계입니다. 그런데 정말 그걸로 가능한지가 항상 문제가 됩니다. 홉스는 안전이 결여된 상태로서의 자연상태를 너무나도 인상적으로 묘사했습니다. 그런 자연상태를 사람들은 공포로 느끼지 않을 수

---

* [옮긴이주] 사스키아 사센Saskia Sassen(1949~). 아르헨티나의 사회학자. 콜롬비아대학 교수. 도시사회학, 글로벌 도시론, 이민연구 전문. 저서로는 *The Mobility of Labor and Capital*(1988), *The global city*(1991), *Cities in a world economy*(2011) 등이 있다.

없습니다. 자연상태를 방지하는 수단이 과연 법만으로 충분한지 불안해집니다. 《리바이어던》의 이론에서는 일견 법으로 해결하고 있는 것처럼 되어 있지만 그건 겉보기만 그런 것이 아닌가라는 의심이 항상 드는 거죠. 바로 그 점에서 홉스 해석에서는 항상 신약信約(계약)이 효과를 발휘하고 있는 것처럼 보여도 실제로는 폭력이 위반 행위를 억제하고 있는 것은 아닌가라는 문제가 제기되어온 것입니다.

팍스 브리태니카와 팍스 아메리카나의 시대가 또한 자유주의의 시대이기도 했었다는 것은 의미심장합니다. 옷 밑에 어렴풋이 갑옷이 비쳐 보인다고 하는 것은 가장 안정적이죠. 자유주의라는 옷이 있고, 그와 동시에 만일의 상황을 대비해서 갑옷도 있다고 하는 것이 사람들을 안심시켰던 것입니다. 물론 제가 그것이 진정한 의미의 안심 재료였다고 말하고 있는 것은 아닙니다. 어디까지나 그렇게 생각되고 있었다는 말이죠.

그리고 지금 옷이 찢어져서 갑옷이 드러나고 말았다, 이것은 물론 일종의 불안정화죠. 그러나 전면적인 위기라고까지 말할 수 있을지는 잘 모르겠습니다. 애초에 자유주의의 배후에는 항상 폭력이 도사리고 있었다고 한다면 지금 상태 역시 그 연장선상이라고 볼 수도 있으니까요.

강상중 ●●● 그래도 그때 일종의 본질적인 위기는 아니지만 부분적인 위기였기에 미국의 파웰 등이 글로벌 연대를 언급했다고 생각합니다. 이는 단순히 일국 단위의 자유주의로 논의할 것이 아니라, 완전히 비대칭성의 전쟁인 것이죠. 과학기술이 엄청나게 고도화되었기에 20세기적인 전쟁은 아니지요. 글로벌 연대라는 형태의 글로벌 거버넌스가 나왔을 때 선진국에 사는 사람들은 테러라는 위험에 끊임없이 노출되어 있지만 일상생활에서 죽고 죽이는 위기는 없지요. 미국은 베트남전쟁에서도 그랬었지만.

사이토 ●●● 가정 내 폭력 등을 포함하여 폭력은 여러 종류가 있습니다. "문명적"이라고 여겨지는 사회 안에 둥지를 틀고 있는 폭력 요소에 대한 주목도 지금은 안전보장의 증강이라는 방향으로 이어져 있습니다.

강상중 ●●● 물론 그런 점은 있지만 군사적 형태의 생사여탈은 없이 끝나지요. 적어도 국경의 안쪽에서는. 그러니까 그때 그것을 어떻게 생각할 것인가, 범테러리즘으로 이미 전장과 일상을 분단하는 것 같은 비대칭성이 없어졌다고 생각해야 할 것인가, 그때 이 글로벌 연대라는 것은 조금 전에 언급된 ICC와 어떤 마찰을 빚을 것인가, 이런 문제도 생각하지 않으면 안 됩니다.

일본은 분명하게 바이게모니bigemonie(양두지배) 노선을 택하고 있습니다. 초강대국 미국의 주니어 파트너로서 바이게모니의 일각을 차지하려는 방향으로 키를 잡았다고 생각합니다. 이런 문제는 여기서의 테마라기보다는 잡지 《세계》의 테마겠지만요(웃음).

02

분할과 경계

'내버리기'라는 폭력에 맞서서

사이토 준이치斎藤純一

　21세기의 첫해는 이 세계가 얼마나 증오와 폭력으로 가득 차 있
는지를 명백히 보여주었다. 테러 폭력을 당한 '문명' 사회는 똑같
이 폭력적인 수단을 사용하여 '야만'에 대항하려 하고 있다. '문명
civilization'이라는 말이 18세기 후반에 처음 영어로 사용되었을 때
이 말은 '탈-폭력화'라는 의미를 포함하고 있었다. 문명이란 '폭
력 회로' 대신 '교섭 회로'를 타자와의 사이에 창출하는 행위를
가리켰다. 이런 의미에 비추어본다면 '시민사회civil society'란 이해
나 가치를 달리하는 타자와의 사이에 교섭의 여지를 발견하는 사
회, 비폭력적인 교섭, 재-교섭에 의해 타자와의 항쟁을 제어해가
는 사회라고 재인식할 수 있을 것이다.

　말할 필요도 없이 19세기와 20세기의 역사는 탈-폭력화로서의
문명 형성과는 거리가 먼 것이었다. 오히려 반대로 이른바 '문명'

사회야말로 엄청난 폭력을 내포하고 있다는 사실, 더 나아가 문명화와 야만화가 실은 병행하는 현상이라는 것을 공공연하게 드러냈다. 한 사람 한 사람이 무엇을 말했는가, 무엇을 했는가와는 관계없이 '무엇인가'라는 집합적 표상에 의해 방대한 사람들의 존재 자체를 소거한 국가 테러. 교통과 통상의 진전을 상호적 교섭의 채널 형성―칸트가 말하는 "방문권訪問權" 확립―이 아니라 일방적인 물질적 수확과 문화적 지배의 관철을 위해 이용했던 식민주의의 폭력. 이러한 폭력이 예시하듯이 포스트계몽의 두 세기는 탈-폭력화의 역사가 아니라 오히려 점차 그 강도를 더하는 폭력화의 역사를 우리에게 남겼다.

'문명'의 폭력을 지탱하고 있던 것은 어떤 타자들에 대해 상호적인 교섭을 할 가치가 없는 자, 교섭 불가능한 자, 그러기에―적어도 잠재적으로는―폭력적으로 취급해도 마땅한 자로 묘사하고 그 표상을 고착화하는 일련의 '열위의 타자'에 관한 은유다. 주지하듯 그런 일련의 은유 속에서 식민지주의와 성차별주의, 인종주의와 계급지배라는 요소들이 서로 긴밀하게 결합되었다. 20세기 중반 이래 《계몽의 변증법》이나 《검은 피부 하얀 가면》 등을 효시로 '열위의 타자'상을 산출하는 '문명' 그 자체의 야만을 근저에서부터 되묻자는 사고가 나왔다. 그러한 비판적 시선 아래 '문명'이나 '시민사회'가 의거해온 숨겨진 폭력 요소―예컨대 성차별주의나 자민족 절대주의의 폭력―도 어느 정도는 폭로되어왔다.

그러나 '문명'이 억압하고 주변화하고 학대한 것에 주의를 기울

이자는 비판적 감성이 날카롭게 제기되는 한편으로, 그 '문명'의 황량한 정도는 한층 심해졌다. 글로벌화가 초래한 것은 일찍이 헤겔이 묘사한 것과 같은 "보편적인 상호의존 체계"가 아니라 어떤 사람들을 배제하는 극히 선택적인 내포 시스템이다. 기아가 이 배제의 효과를 표시하는 것이라면 현재 세계 인구의 적어도 5분의 1은 그 시스템에서 배척되어 있다고 봐도 좋다. 한나 아렌트는《전체주의의 기원》에서 "쓸모없는 자"들을 "내버려진 경우Verlassenheit" 속으로 추방하는 폭력을 시사했다("쓸모없는 자라는 것은 이 세계에 전혀 속하지 않음을 의미한다"). 그것은 어떤 사람들이 마치 이 세계에는 존재하지 않는 것처럼 그/그녀들을 시계視界 밖으로 몰아내는 소극적 '폭력'이다.

이란의 영화감독 모흐센 마흐말바프*는 바미얀 석불이 탈레반의 손에 파괴되었을 때 아프가니스탄이 다른 나라의 간섭이 아니라 무시와 묵살 때문에 고통 받고 있음을 통절한 필치로 고발했다《칸다하르: 아프가니스탄의 불상은 파괴된 것이 아니라 치욕스러운 나머지 무너져버린 것이다》). 역설적이게도 9월 11일 사건과 그 후 아프가니스탄에 대한 군사행동은 석불의 붕괴 이후에도 여전히 멀리 떨어져 있던 아프가니스탄과 세계 사이에 일종의 '가까움'을

---

* [옮긴이주] 모흐센 마흐발바프Mohsen Makhmalbaf(1957~). 이란의 영화감독, 각본가. 아프가니스탄 난민캠프에 사는 어린이들을 위한 교육을 지원했으며, 르포르타주 형식의 기사와 연설을 계속했다. 작품으로는 *The Bicyclist*(1989), *The Silence*(1998), *Kandahar*(2001) 등이 있다.

설정했다. 그러나 아프가니스탄에 대한 주목은 아프가니스탄과 마찬가지로 극도의 빈곤과 계속되는 전란 속에 내팽개쳐진 지역 —예컨대 인접하는 카시밀이나 크루드, 콩고—에 대한 관심까지 환기시키지는 못했다.

이 세계에서는 매주 25만 명의 아이들이 빈곤으로 인해 죽어가는데 대부분은 여전히 암흑obscurity 속에 가라앉아 있다. 다른 한편으로 그 세계는 겨우 3명의 미국 부호에게 가장 가난한 50개국을 합한 것 이상의 부를 부여하고 있다. 남과 북 사이에 있는 '구조적 폭력'이 지적된 지 벌써 오래지만 이 정도로 격차가 벌어질 때까지 이 '구조'는 용인되어왔다. 북쪽 세계에 사는 사람 또한 애초에 방대한 사람들을 생사의 기로로 내모는 자신들의 '문명'의 질을 되돌아볼 만한 여유를 이미 잃었는지도 모르겠다. 거기에서 일하는 사람들도 "저변을 향한 경쟁"(J. 브레커)에 동참하도록 강요당하여 불필요하다고 여겨지는 것, 효율이 없다고 여겨지는 것은 즉시 잘라버리는 것을 정답이라고 여기도록 만드는 무시무시한 압력에 노출되어 있다. 실제로 홉스가 형용하는 "자연상태"의 특징 —"인간의 삶은 고독하고 가난하고 더럽고 야만스러우며 그리고 짧다"—이 들어맞는 경우가 다름 아닌 '문명'의 한가운데에도 나타나고 있다. '하류계층'이라고 불리는 최저변층은 '문명' 사회의 내부에 마치 봉쇄된 듯이, 역시 마찬가지로 경원시되고 내버려져 있다. 마치 '우리'와는 전혀 관계없는 장소인 것처럼.

전임 시장이었던 루돌프 줄리아니가 뉴욕을 "시민적=문명적

civil"인 부분과 "비시민적=비문명적uncivil"인 부분으로 분명하게 가르고 후자에서 전자로의 있어서는 안 될 월경越境에 대해 "허용도 제로" 정책으로 임했던 것처럼, 조지 부시도 "문명"과 "야만"의 양자택일을 강요하던 말투가 보여주듯이 "civil"인 것과 "uncivil"인 것을 확실하게 분리하고 그 경계 설정을 강화하려 한다. 후자는 미국을 주축으로 하는 '경찰 행동'에 의해 감시되어야 할 준범죄적 지역으로 다시 매핑되고 있다.

'문명'은 지금 명백하게 가장 힘이 약한 자들 사이에 '비문명incivility'을 창출하면서 그로부터의 거리를 가능한 한 벌리고자 한다. 양자 사이의 어떠한 '가까움'=친밀함도 불가능하게 할 정도로 양자의 거리를 벌리는 것. '비문명'을 다시는 '문명'과 만나지 못하도록 격리시키는 것. 그것이 '글로벌 안보'를 말하는 자들의 꿈일 것이다. 그러나 그렇게 완전한 단절, 완전한 격리는 과연 이루어질 수 있을까?

"문명"의 극치를 자랑하는 사회가 실상은 "비문명(시민)사회uncivil society"(J. 킹)라는 사실은 그 사회가 현실에서 가장 폭력에 노출되기 쉽고 폭력의 그림자를 가장 무서워하는 점에서도 알 수 있다. "탈-폭력화"라는 문명의 지표에 비추어볼 필요도 없이 가장 폭력과 친화적인 사회 중 하나인 것이다. 이 사회는 스스로가 만들어낸 **내외의** "비문명" 안에 격분과 증오가 퇴적되어 있다는 것, 그리고 자기 자신이 더 이상 교섭 가능한 상대라고 여겨지지 않는다는 것을 깨닫고 있다. 이 사회는 9월 11일 이전부터 이미 폭력을 예상한 안보장치와 서비스로 넘쳐나고 있었다. 스스로가 배제한 것과 만나지 않을 수 없음을 어렴풋이 예상했던 것이다. 안보는 안전의 결여를 예상하고 그것을 통제하고자 준비하는 것이라고 말할 수 있다. 치안 관리로서의 안보가 "탈–폭력화"를 추구하는 것은 아니다.

이번 사건이 그런 '폭력의 회귀'와 더불어 분명하게 한 것은 '문명'이 창출하는 '비문명'의 비참함을 시야 밖으로 몰아내려는 힘에 항의하는 목소리가 발설되었다는 것, 그리고 그 고난에 실제로 접근하는 행위가 있었다는 것이다. 무시되고 묵살되려고 하는 곳, 거리를 두려고 하는 곳에 거꾸로 '가까움'을 설정해가는 움직임을 정치적이라고 부른다면, 배제의 완성을 방해하는 그러한 정치적 행위가 우리의 사회 인식에도 불가결한 조건이 되고 있음을 이번 사건은 가르쳐주었다. 애초에 정보기술 발달이 반드시 교섭의 회로를 가져오는 것은 아니며 부감적인 분석에 의해 인식의 기회가 열린다고 단정할 수도 없다. 교섭 회로를 만들고 비판적 인식을 환기시키는 것은 타자와의 사이에 구체적인 '가까움'을 설정하는 행위, 점차 벌어지는 거리를 거슬러 '친밀함intimacy'을 만들어내는 정치적 행위다. 그런 '가까움'이 없다면 어떤 사람들이 "이 세계에 전혀 속하지 않는" 자로서 내버려지는 사태가 감지되는 일도 없을 것이다.

물론 모든 곳에서 '가까움'을 창출하려는 접근이 가능한 것은 아니다. 한편으로는 이 점을 명심하면서, 배타적 구성원 자격에 의

거하지 않는 시민권citizenship이 다양한 국면에서 세계를 분할하려
는 절단의 움직임을 저지하고 있는 것에 주목하고 싶다.

경계선과 정치

스기타 아쓰시杉田敦

근대의 정치는 경계선을 둘러싸고 전개되어왔다. 지표에 경계선을 긋고 유지하기. 경계선의 양측은 서로의 외부이며 경계선을 끼고 외부가 아닌 쪽, 즉 외부의 외부는 내부라고 불린다. 이렇게 경계선을 둘러싼 정치는 인류의 역사와 더불어 존재하는 것이겠지만 주권 개념의 성립은 이러한 정치관의 정착을 보여준다. 주권은 통상 대내적 측면과 대외적 측면으로 나뉘어 논의된다. 주권의 대내적 측면이란 어떤 경계선의 내부에 다른 경계선이 없는 것을 의미한다. 주권의 대외적 측면은 경계선을 끼고 양측이 서로 외부라는 점에 합의하고 있음을 가리킨다.

지표에 경계선 긋기는 공간의 분할만으로 그치는 일은 드물고 많은 경우 인간 집단의 포괄을 동반한다. 양치기가 이동하는 양들을 관리하는 경우처럼 집단의 관리 자체가 반드시 고정적인 경계선 안에서만 이루어지는 것은 아니다. 하지만 경계선을 그었음에도 불구하고 그 경계선을 사람들이 자유롭게 넘나드는 것을 허락한다면 경계선 자체의 의의가 의심받기 쉽다. 게다가 애초에 집단이라는 관념이 성립했을 때, 즉 어떤 사람들이 다른 사람들과 다른 대상으로 인식되었을 때 이미 보이지 않는 경계선은 그어졌다고 할 수 있다. 그리고 어떤 집단의 생활을 집단 외부로부터 보호하려고 할 때 경계선을 안정화시킬 동기가 생기리라는 것은 쉽게 상상할 수 있다. 이렇게 해서 집단의 생명·안전·건강을 지키고 번식을 보장한다고 하는 정치가 성립한다. 이러한 정치 양태를 가장 전형적으로 보여주는 것이 근대의 국가이성론이다. 국가이성은 '국익'으로도 '복지국가의 이념'으로도 불린다.

경계선으로 집단을 에워싸는 주권국가의 내부에는 사람들에게 일정한 행동 양식을 심는 규율 권력이 작용하는데 이 규율 권력이 지배 계급의 음모에 의한 것이라고 단정지을 수만은 없다. 지배계급과 피지배계급으로 나뉜 국가가 있다면 그것은 내부에 경계선을 가지는 국가이며 잠재적으로는 분열하고 있다. 그러한 각 국가 내부에 있는 경계선을 이어 붙이면 국제적 연대가 생긴다고 생각한 것이 사회주의자들이었다. 그런데 역사를 돌이켜보면 주권국가가 반드시 내부의 경계선 때문에 두려운 존재가 된 것은 아니다. 오히려 내부에 있는 경계선의 존재를 인정하지 않고 내부를 균질화하려고 했을 때 가장 심각한 사태가 발생한다(전체주의).

어떤 경계선의 내부는 완전히 동질적이며 그 경계선의 양측은 완전히 이질적이라고 하는 사고가 민족주의다. 현대 총력전의 기원은 거기에 있다. 외부가 이질적인 이상 분쟁은 불가피하며 내부가 동질적인 이상 구성원은 모두 분쟁의 당사자로 여겨졌다. 현대의 주권국가를 단순한 전쟁 기계로 묘사하는 것은 적절하지 않다. 그들은 오히려 '복지-전쟁국가welfare-warfare state'로 존속해왔다. 경계선의 확장은 경계선 저쪽에게는 위협이지만 경계선 이쪽에게는 이익일 수 있다. 그런 이유로 이런 정치 양태가 사람들에게 지지받아왔다. 경계선을 지지한 것은 그것이 국가의 책임 범위를 명확히 한다고 이해되었기 때문이다. 모든 사람의 생활을 배려하는 것은 불가능하므로 집단을 정해서 그 집단의 생활은 책임지는 것이 필요하다고 생각되었다. 책임 범위를 한정하지 않는 것은 무책임으로 이어진다. 경계선의 저쪽에 강요하는 희생이나 그쪽에 끼치는 괴로움에 대해서는 눈을 감는 것이야말로 책임 있는 정치로 여겨졌던 것이다.

주권국가의 시대에도 그에 대항하는 목소리가 없었던 것은 아니다. 각종 다원주의는 국가 내부에 (파선의) 경계선을 둘러치는 것으로 경계선의 독선성을 완화시키고자 했다. 국가보다 하위에 있는 여러 중간 단체의 역할을 강조하고 독점적 결정자로서의 주권을 상대화하는 동시에 국민이라는 집단 전체를 통제하는 국가 이성에 찬물을 끼얹은 것이다. 자유주의·입헌주의 등으로도 불리는 이러한 주권 제한적인 방법은 확실히 어느 정도의 역할을 해왔다. 그러나 분할에 의해 총량이 변하지는 않는다. 국경 내부의 다원주의가 국가이성의 분할을 시도했다고는 하지만 주권국가라는 단위 그 자체의 폐쇄성을 상대화했다고까지는 말할 수 없다.

이에 비해 최근 파선의 경계선은 때로는 경계선을 초월한다. 국경을 넘어서 활동하는 각종 비정부 조직의 활동은 중요하며 주권국가 체제를 대체하는 새로운 질서 양태를 제시하는 것처럼 보인다. 그러한 활동에서는 사람들이 환경이나 인권과 같이 널리 받아들여질 수 있는 이념으로 연결되어 있기 때문이다. 그렇지만 다른 한편으로 종교나 민족성 같은 일종의 동질성을 근거로 한 새로운 단위도 국경을 넘어 확산되고 있다. 그 중에는 주권국가 이상으로 집단의 외부에 대해 적대적인 대응을 보이는 것도 있다.

게다가 경제활동이 지표 전체를 뒤덮으면서 확산되는 가운데 자본과 재화뿐 아니라 사람도 국경을 넘어 이동하게 되었다. 상대적으로 낮은 경제수준에 있는 국가의 경우 집단을 완전히 포괄하는 것이 불가능하게 된 것이다. 그와 동시에 상대적으로 높은 경제수준에 있는 국가에서도 집단 내부에 균열이 생겼다. 시장경제의 승자와 패자가 국경의 내부에서 인접하고 있으면서도 서로에게 무관심해지고 있다. 국가가 집단의 생활에 대해 책임진다는 사고를 부정하고 개인이 자신의 생활에 대해 책임을 져야 한다는 신자유주의적 논의가 강해졌다.

주권과 국가이성이 더 이상 자명한 전제가 아니라는 것은 우리가 매우 큰 변화에 직면하고 있음을 의미하며 이러한 변화에 대해 많은 사람들이 불안을 표명하고 있다. 자신들의 집단을 둘러싼 경계선이 애매하게 된 탓에 안정된 생활, 더 나아가서는 생존 자체가 위협받고 있다, 집단의 외부에 일을 빼앗기거나 외부로부터 범죄 등이 유입되지 않도록 국경선을 강화해야 한다, 이러한 관점에서 주권의 재인식이 요청되고 있는 것이다. 그와 동시에 국가이성에 대해서도 재확립할 필요성이 있다는 주장이 제기된다. 빈부 격차가 벌어지고 집단의 내부에 균열이 생기며 약자의 생존이 위태롭게 되면 집단 전체의 치안 상황이 악화된다. 이른바 내부가 외부에 침식하는 상황이 벌어진다. 이런 사태를 피하기 위해 내부의 재결속을 도모하고 복지 수준을 유지하기 위해 노력해야 한다고 강조한다.

상황은 복잡하다. 국제적 경쟁력이 있다고 생각하는 사람들은 국경을 넘는 것을 두려워하지 않는다. 그들은 퍼스트클래스 비행기를 타고 이동한다. 반면 경계선을 넘지 않으면 생존할 수 없는 사람들도 다수 존재한다. 그들은 화물선의 밑바닥에 몸을 숨기고 이동한다. 양자는 어떤 연대의식도 없음에도 불구하고 국경을 넘는다는 하나의 점에서 일치한다. 이에 대해 어느 쪽의 범주에도 속하지 않는 사람들은 경계선의 의의를 재평가한다. 여기에서 신자유주의인가 복지국가인가 하는 대립 도식이 성립하는 것처럼 보인다.

그러나 이러한 두 가지 선택지는 어느 쪽도 파탄나지 않을 수 없다. 국경을 닫고 동질성을 확립하려는 노력은 실패할 것이다. 어떤 집단에도 원초적 동질성이라는 것은 없다. 어떤 집단이라도 내부에 다양성을 가진다. 따라서 이질적인 타자를 밖으로 배제하고자 한다면 집단 자체를 해체하고 자기 자신을 배제해가는 수밖에 없다. 처음에는 종교나 민족성이 눈에 띄게 다른 사람들이 박해받을지도 모르겠다. 그러나 그걸로 끝나지 않는다. 남은 집단 안에서도 많은 이질적인 요소가 발견된다. 이러한 사고 회로는 결국 스스로를 파괴할 때까지 멈추지 않는다.

제트기를 타고 날아다니는 사람들도 진정으로 경계선을 넘은 것은 아니다. 지리적 경계선을 넘을 때마다 그들은 다른 의미의 경계선, 즉 경제적인 강자와 약자, 문화적 발신권을 가진 자와 가지지 않은 자 사이라는 경계선을 재생산하고 있기 때문이다.

필요한 것은 오히려 경계선을 긋지 않는 정치로의 이행이 아닌가. 일체적인 질서 수립을 의미하는 것은 아니다. 아마 우리는 어떤 시점에 어떤 집단의 사람들과 공통성을 강하게 의식할지도 모르겠다. 그러나 그것은 어디까지나 일시적이며 우리는 모두 계속 변화한다. 다음 순간에는 전혀 다른 사람들과의 사이에 공통항이 부상할지도 모른다. 이렇게 생각한다면 어떤 경계선도 우연적인 것에 불과하고 필연적인 것이 아님은 분명하리라. 어떤 사람에게 있어 어떤 종류의 집단만이 본래적이라고 하는 고정관념, 바로 그것이 지표에 재앙을 초래해왔다. 자신에게 무관한 사람들이란 존재하지 않는다. 우리는 외부의 외부로서의 내부를 전제로 해야 하는 것은 아니다.

경계선 없는 정치에서는 책임의 범위가 명확하지 않다. 이런 점이 무책임으로 이어진다고 하는 것이 경계선을 긋는 사람들의 주장이었다. 그러나 현실에서 사람들이 왕래하고 서로 섞여서 생활하는 이상 분할해서 관리해야 한다는 쪽이 오히려 비현실적이다. 이는 경계선 저편으로 문제를 배출함으로써 무언가를 해결한 척하는 것뿐이다. 이에 비해 경계선 없는 정치는 어떤 문제도 피해갈 수 없다. 지표의 모든 사람들의 생활에 대해 당사자로 존속하는 것, 이것이 경계선 없는 정치로의 회귀다.

토론

완전한 퇴출은 불가능하다

사이토 ●●● 지금까지 오랫동안 하나의 불가분한 실재로 표상되어 온 국민사회라는 관념의 현실성이 급속히 소실되고 있는 것은 아닌가 생각합니다. 한 사회의 통합을 전제로 격차의 확대나 불평등의 증대를 비판하는 것과는 다른 시각을 필요로 하는 것은 아닐까요. 엥겔스는 《영국 노동자계급의 상태》(1845)에서 "부르주아는 노동자를 같은 국민이라고 생각하지 않는다. 양자는 각각 다른 두 국민이다"라고 말했는데 그런 견해가 다시 설득력을 가지게 된 것은 아닌가라는 생각이 듭니다.

그리고 단순히 '두 국민', '두 사회' ―1/3의 사회와 2/3의 사회―의 거리가 벌어졌을 뿐 아니라 그 거리를 줄이려는 사상도 매우 약해졌다는 점이 중요합니다. 격차를 메워야 한다는 사상은 더 이상 자명한 것이 아닙니다. 오히려 적극적으로 그 두 사회의 거리를 벌리자는 사상 쪽이 강력해졌습니다. 예컨대 누진세제의 최고 소득 세율은 15년 전까지는 70퍼센트였지만 지금은 37퍼센트까지—모르는 사이에, 아는 사람이 있을지도 모르겠지만 어느새(웃음)—떨어져 이미 상당히 평평해졌습니다. 소득세뿐 아니라 법인세도 '자본 도피'의 퇴출 옵션을 우려하는 쪽으로 변화하고 있습니다. 재분배를 하려 해도 이미 그 기반이 될 세금이라는 것이 특히 수직적 차원의 사회적 연대 사상을 나타내지 않게 되었습니다.

가장 위험한 것은 경제적 배제와 사회적·정치적 배제가 즉시 연동하는 방향으로 가고 있다는 겁니다. 경제적으로 배제된다면 사회적으로 내포하자는 것이 사회보장의 발상이었습니다. 하지만 지금의 근로복지 제도 사고에 의하면 경제적으로 배제될 경우 그대로 사회적으로도 배제된다는 연동성이 있습니다. '생활의 보장'이라는 의미의 시큐리티security가 극도로 상실되기 쉬운 상태인 것이지요.

그뿐 아니라 배제의 방식 자체에도 폭력성이 침투해 있습니다. 단순한 부조화에 지나지 않는데도 불구하고 그 사람의 자존심=명예 감정을 다시는 회복할 수 없는 방식으로 손상시키는 일이 거의 공공연하게 행해지고 있습니다. 그 사람은 부득이하게 자신을 불필요한 존재일 뿐 아니라 사회에 짐이 되는 존재로 인식하게 됩니다. 이처럼 배제에 수반되는 폭력에는 처참한 면이 있습니다.

사회의 분할, 세계의 분단화에 맞서기 위해서는 "완전한 퇴출은 불가능하다full-exit is impossible"라는 사상이 중요하다고 생각합니다. 이는 앨버트 허시먼Albert Hirschman*의《떠날 것인가 남을 것인가Exit, Voice, and Royalty》(1970)에 있는 말입니다. 시장의 게임에 부적격한 자를 축출하는 배제에 더하여 또 하나의 배제, 즉 강자나 성공한 자가 자기 자신을 배제하는 "자기 배제"가 지금 진행되고 있습니다. 그런데 그런 방식으로 사회에서 퇴출하는 것이 정말 가능할까요. 예컨대 허시먼이 드는 예로서, 공립학교의 교육 내용이 나쁘다는 이유로 여유 있는 사람들이 공립학교에서 나와 사립학교에 자녀들을 보내고 있습니다. 사립학교의 교육은 분명히 좋을 것이며 장래 직업을 확실하게 해줄지도 모릅니다. 하지만 사립학교를 나온 사람은 더욱 열악한 상태가 되어버린 공립학교를 나온 사람과 결국은 같은 사회에서 살게 됩니다. 일시적·부분적인 퇴출은 확실히 가능합니다. 자신의 삶을 위험한 타자의 삶으로부터 가능한 한 멀리 떨어뜨리는 것이 불가능하지도 않습니다. 그러나 자신을 타자로부터 완전하게 분리할 수는 없습니다. 이것이 '완전한 퇴출은 불가능하다'는 생각입니다.

이와 같은 관점으로 글로벌 사회에 대해서도 말할 수 있습니다. 자신을 격리해가는 것이 어디까지 가능한지 반문해보는 편이 좋다고 생각합니다. 자신이 배제해온 것과 언제 어디에선가 만나지 않

---

* [옮긴이주] 앨버트 허시먼Albert Hirschman(1915~2012). 독일의 경제학자. 정치경제학, 개발경제학 전문. 저서로는 *National Power and the Structure of Foreign Trade*(1945), *Exit, Voice, and Loyalty*(1970), *Shifting Involvements: Private Interest and Public Action*(1982), *A Propensity to Self-Subversion*(1995) 등이 있다.

을 수 없습니다. 적어도 그 '그림자'에 겁먹은 모습으로 만나지 않을 수 없습니다. 배제는 결코 완성되지 않으며 배제한 것은 반드시 자신의 눈앞으로 회귀합니다.

경계선의 상대화

스기타 ●●● 제 연구보고는 경계border 또는 영역boundary이라는 것에 대해 생각해보기 위한 것입니다. 영역이라는 것은 첫째, 말 그대로 자유로운 왕래가 제한되는 영토=territory의 문제입니다. 물론 영토를 구획한다는 말과 인간 집단을 구획한다는 말은 일단 별개입니다. 다만 실제로 많은 경우 양자는 결부되어 국민·국가 nation state라는 것이 됩니다.

공간을 구획하면서 '국가이성'을 축으로 집단을 구획하는 정치라는 것이 지속되어왔습니다. 이를 단순히 어떤 일부 사람들의 음모였다고 치부할 수는 없습니다. '복지–전쟁국가'는 대중민주주의에 의해 지지되어온 면이 있습니다. 반드시 부르주아 계급의 음모였던 것만은 아니라 나름대로 이를 광범하게 지지하는 여론이 있었던 것이지요.

그 후 현재는 어떻게 되었을까요. 사이토 선생님이 말씀하신 것처럼 종래 비교적 안정적이었던 주권국가라는 경계선과는 별개의 경계선이 생겼습니다. 첫째, 주권국가의 내부에 지금 사이토 선생님이 말한 균열이 있을지도 모릅니다. 그리고 또 다른 균열로 비정부적인 다양한 조직이 상당수 활동하고 있습니다. 그리고 조금 전부터 논의가 있었듯이 '광역적regional'인 경계선—이는 EU 등이 실제로 만들고 있으며 동아시아에 대해서도 조금 전 논의에 나왔습니다—이 존재하며 그와 동시에 국제 테러 조직 같은 것도 존재하고 있습니다. 이렇게 다양한 형태로 종래의 영역과 다른 영역이 생겨서 복잡하게 교차하고 있습니다. 이를 어떻게 생각할 것인가라는 문제가 제기되고 있습니다.

애초에 경계선을 왜 만들었을까요. 경계선은 세력 범위인 동시에 책임 범위이기도 한, 양면성을 가지고 있습니다. 그렇기 때문에 이를 구속이라고 보는 언설도 있습니다. 예전의 국제주의가 그랬습니다. 그러나 지금은 적어도 남북 중 북측에서는 "자신의 영토를 지키자"는 논의가 비등하여 이번처럼 사회불안이 전면에 나오면 역시 입국 관리라는—일부 사람들이 매우 노골적으로 말하는 것처럼 공항에서 아랍계 사람은 들여보내지 말라는—매우 알기 쉬운 형태로 해상에서 방위하거나 경계선을 사수하자는 말이 나옵니다.

예부터 '성내城內 평화'라는 표현이 있습니다. 예컨대 미국에서는 테러 직후에 모두 함께 성조기를 흔드는 행위를 통해 잠시나마 빈자와 부자 사이에 연대감이 성립한 듯 보이는 아이러니한 일도 벌어졌습니다. 제가 사이토 선생님과 조금 생각이 다를지도 모르는 점은 계급 간의 경계선 같은 것이 일방적으로 강해질지 아니면 거듭, 예컨대 미국 국경이나 일본 국경 등이 강조될지 잘 모르겠다는 점입니다.

계급 간의 경계선과 주권국가의 분열이라는 것을 구별하는 시점은 물론 필요합니다. 하지만 다른 한편으로 양쪽 모두 영역 안을 지키자는 의미에서 공약共約 부분이 있는 것은 아닌가 싶습니다. 이런 의미에서는 물론 국내의 분단을 특히 문제시하는 시점도 필요하지만 다른 한편으로는 국가 간의 분단에 대해 어떻게 생각해야 하는지에 대한 고민도 필요합니다. 지금부터 하는 말은, 약간 현실성이 없다고 생각할지도 모르겠지만, 경계선의 존재 그 자체를 상대화하자는 사고를 취할 수밖에 없게 된 것은 아닌가 생각합니다. 즉 경계선을 지키려고 또는 경계선을 다시 그으려고 노력해도 항상 경계선은 침식되므로 거듭 그 경계선을 다시 긋거나 재강화하는 것에 그쳐버리고 맙니다. 그러면 경계선은 점점 무한 후퇴해갑니다. 이런 방식 대신에 '경계선 없는 정치'라는 것을 생각해보면 어떨까요?

이는 어떤 의미에서는 질서라는 것에 대한 우리의 생각 자체를 바꿔야 하는 것입니다. 일반적으로 생각하면 매우 무질서한 상태를 초래하지 않을 수 없겠지요. 예컨대 조금 전부터 문제가 되고 있는 법적 해결이라는 것은 종래에는 많은 경우 주권의 작용으로서 이루어진 것이었습니다. 따라서 지금 갑자기 주권국가의 틀을 벗어버리면, 다른 한편으로 조금 전부터 말씀하신 국제적인 법 시스템이라는 것이 만일 충분히 기능하지 않게 되면, 사실상de facto의 상황이 나타날 수 있습니다. 자연상태가 될 가능성이 있다는 것이지요. 그렇게 되지 않기 위해서는 결국 종래의 분할 관리라는 책임과는 다른, 일종의 사람들의 연계 방식이라는 것을 확립해야 합니다. 이를 지금 어디까지 구체적으로 제시할 수 있을지는 잘 모르겠습니다. 어떤 범위 안을 최적화하는 방식은 예컨대 냉난방 장치와 같은 방식이죠. 모두가 에어컨을 틀고 밖으로 위험 요소를 계속 배출합니다. 이처럼 내부를 최적화하는 것은 외부에 문제를 배출하고 있을 뿐 문제의 총량은 변하지 않습니다. 게다가 외부라고 생각했던 것이 실은 내부입니다. 우리도 한 발 밖으로 나가면 그곳을 걷지 않을 수 없습니다. 결국 냉난방 장치와 같이 어떤 구획 안을 최적화한다는 발상은 잘못이라는 겁니다.

이는 바로 조금 전부터 문제가 되고 있는 문명의 근간과 관련되는 논의인데요. 문명이라는 것은 특정 부분을 최적화하는 프로젝트이며 처음부터 전체를 최적화하는 것은 상정하지 않은 것이 아닐까요. 따라서 이는 문명 관념 그 자체를 재검토하자는 이야기로 이어집니다. 상당히 스케일이 큰 이야기입니다만.

국가의 재정의

강상중 ●●● 두 분 말씀에는 상당히 공통점이 있는 것 같습니다. 경계 설정과 분단, 그리고 분단해갈 때의 사회는 반드시 어떤 정당성justification을 조달하려고 하는데, 그것이 지금의 우리 사회 안에서 무엇인지를 생각해야 한다는 점에서 그렇죠.

두 분께 질문을 드리고 싶은데 가네코 마사루金子勝*는 안전망safety net을 재구축하자고 주장하고 있습니다. 이에 대해서는 저도 동의하는 부분이 많습니다. 국가의 역할이라는 것을 도리어 재검토하는 것으로, 이른바 글로벌 자본주의에 대한 안티테제로서 국가의 역할을 재검토하자는 관점이라고 생각합니다. 이러한 '국가의 재정의'라는 견해에 대해 어떻게 생각하십니까?

근간에 국가에 대한 재평가라는 문제가 대두되고 있습니다. 한편에서는 국가의 퇴장이 거론되었습니다. 그러나 현실적으로는 국가의 부상이라는 측면이 매우 이데올로기적인 면으로, 그리고 국가가 움직임을 정상화하지 않는 데 문제가 있다는 논의로 나타났습니다. 그 중에는 우선 국민적 공간 안에 안전망을 만들어야 한다는 논의도 있다고 생각합니다. 이는 어떤 의미에서는 복지국가의 재생이라고 봐도 좋다고 생각합니다만, 그런 식으로 문제를 국가 아젠다로 올리지 않으면 세계 자본의 폭주에 제동을 걸 수 있는 방법이 없지 않느냐는 논의가 있습니다.

그런 논의는 역시 국민적national 공간이라는 것을 다시 한 번 최적

* [옮긴이주] 가네코 마사루金子勝(1944~). 법학자. 헌법학, 정치학, 사회과학론 전문. 릿쇼立正 대학 법학부 교수. 저서로는 《市場と制度の政治経済学》(1997), 《経済大転換—反デフレ·反バブルの政策学》(2003), 《新·反グローバリズム》(2010), 《失われた30年—逆転への最後の提言》(2012) 등이 있다.

으로=optimal 하자는 움직임이 되는 걸까요. 아니면 변증법적이라고 할지 아크로바틱이라고 할지, 국가의 경계를 초월하기 위해 국가의 재정이라는 회로를 빠져 나올 필요가 있다는 논의가 되는 걸까요. 물론 그런 경우에는 가능한 한 격차가 없도록 하자는 것이라고 생각합니다만, 그러한 논의를 두 분께서 어떻게 생각하시는지 듣고 싶습니다.

그간 10년 이상에 걸쳐 다양한 사람들이 일종의 국민국가 비판을 해왔습니다. 구체적으로는 니시카와 나가오西川長夫*를 비롯한 분들로, 상당히 다양한 자극을 줬는데, 최종적으로 국민국가란 전쟁기계이며 이번에도 그런 것이 나타났다는 의견이 당연히 나오리라 생각합니다. 그러나 다른 한편으로 복지나 경제에 관여하고 있던 사람들 입장에서는 역시 국민적 안전망의 재편성·재구축이 지금 절실하며, 그렇지 않으면 세계시장경제에 대항하지 못한다는 것입니다. 이는 국가의 과잉이라기보다는 국가의 역할이나 기능을 오히려 적극적으로 재편성하자는 움직임으로 반드시 국가주의는 아니라고 생각합니다만……

지금 문제는 우리가 국가라는 것의 기능과 역할, 그 존재를 어떻게 재검토해가면 좋겠는가입니다. 즉 굳이 말하자면 지금까지 국

---

* [옮긴이주] 니시카와 나가오西川長夫(1934~2013). 리쓰메이칸立命館대학 명예교수. 비교문화론, 알튀세르, 마르크스 전문. 최근의 국민국가론 및 국민국가 비판의 학문적 흐름을 만들었다. 저서로는 《フランスの近代とボナパルティズム》(1984), 《国境の越え方─比較文化論序説》(2001), 《〈新〉植民地主義論─グローバル化時代の植民地主義を問う》(2006), 《日本回帰・再論─近代への問い´あるいはナショナルな表象をめぐる闘争》(2008) 등이 있다.

민 비판은 있었습니다. 그러나 국민국가 중 국가에 대해서는, 예전에는 마르크스주의가 다양한 형태로 국가 비판을 했지만, 근 10년 동안은 국민국가 비판이라고 하면서 실은 국가에 대해서는 그다지 체계적인 언설이 없었던 것 같습니다. 지금 그러한 국민국가의 국민적 안전망을 재구축한다고 할 때 어떤 현상이 생길 것인가, 종래와 같은 내부의 최적화, 외부의 설정이 가능할지가 문제입니다.

그리고 또 한 가지, 미국이 전 세계적으로 일어나고 있는 일 중에서 가장 위협적으로 생각하고 있는 것은 이른바 '파산 국가' 입니다. 아프가니스탄도 그 중 하나죠. 파산 국가는 요컨대 서양형의 국민국가 체제가 아니라서 매우 위험한 국가라는 의미입니다. 그러나 국민국가적인 것이 취약한지 아닌지는 별도로 하고, 이를 대체할 안전망으로서 종교나 인종적인 것이 나오고 있다고 생각합니다. 이는 어떻게 생각하면 좋을까요? 그렇게 해서 가지런하게 국민국가를 만드는 것이 문제의 해결일까요?

예컨대 아프가니스탄의 경우를 보면 이미 국가 재건이 다방면에서 언급되고 있습니다. 요컨대 제대로 된 국민국가가 없으니까 문제가 확산되어 엉망진창이 되는 거라는 거죠. 그러면 지금 우리는 이 시점에서 국가라는 것을 어떻게 생각하면 좋을까요? 이 문제에 대해 말씀해주시면 감사하겠습니다.

다카하시 ●●● 저도 비슷한 문제의식을 가지고 있습니다.

저는 사상적으로는 데리다[*]의 탈구축에 자극을 받아 국민국가의 탈구축 같은 발상에 관심을 가지고 있었습니다. 그런데 데리다는 1993년에 미국에서 "마르크스의 망령"이라는 강연을 하면서 냉전 종료 후의 지나친 낙관Euphoria, 즉 프랜시스 후쿠야마Francis Yoshihiro Fukuyama[**]의 언설에서 엿보이는 낙천적 태도를 호되게 비판하고, 우리가 조금 전에 논의했듯이 다소 옛날식 표현으로 말하면 남북으로의 세계 분단, 그리고 그에 동반하는 빈부 격차, 기타 모든 격차가 일찍이 이처럼 대규모였던 적은 없다는 진단을 내렸습니다. 사회주의 진영이 붕괴하면서 이제는 자유와 민주주의 세계가 되어 만사형통일 것이라는 발상 그리고 사회주의사상의 장송葬送, 마르크스 장송에 대해 매우 강하게 비판한 것입니다.

그리고 마르크스는 '유령'의 형태로 반드시 회귀할 것이라고 말합니다. 이와 병행하여 그의 논의 안에는, 이런 상황 안에서는 특정 맥락에서 국가의 효용이 있다고 하는 부분이 나옵니다. 이는 명백하게 무제한적인 글로벌화라는 것에 대항하여 어떻게 안전망을

---

[*] [옮긴이주] 자크 데리다Jacques Derrida(1930~2004). 프랑스의 철학자. 포스트구조주의 철학. 저서로는 *La Voix et le phenomene: introduction au problème du signe dans la phénoménologie de Husserl*(1967), *De la grammatologie*(1967), *L' ecriture et la différence*(1967) 등이 있다.

[**] [옮긴이주] 프랜시스 후쿠야마Francis Yoshihiro Fukuyama(1952~). 미국의 정치학자. 신보수주의 정치사상가의 대표적 인물이었으나 현재는 거리를 두고 비판적인 입장을 취하고 있다. 저서로는 *The End of History and the Last Man*(1992), *America at the Crossroads: Democracy, Power, And the Neoconservative Legacy*(2006), *The origins of political order: from prehuman times to the French Revolution*(2011) 등이 있다.

칠 것인가라는 점을 고민할 때 나오는 것이라고 생각합니다.

또한 프랑스에서는 부르디외*가 역시 국가의 역할에 대해 말하고 있습니다. 저도 문제는 있다고 생각합니다. 과거의 경우 복지국가라고 불리던 것에서 복지가 무너져버리고 그 결과 수많은 대립과 분단이 생기면, 그에 대한 치안을 강화한다든지 전 세계적으로 말하면 군사적인 힘으로 대응한다든지 했을 겁니다. 하지만 현재는 복지국가적인 것을 재생하는 옵션을 취할 때, 그 국가가 국민적인 틀을 그대로 유지하거나 강화해서는 안 됩니다. 따라서 국민적인 것을 탈구축하면서 동시에 국가=state의 효용이라는 것을 생각해가는 방향성은 없을까라는 거죠.

예컨대 일본에서는 일본국헌법에 명시되어 있듯이 국민적인 국민국가national nation state 안에 '야마토'라는 민족ethnos 원리가 '천황'이라는 형태로 들어 있습니다. 그런 부분을 탈구축하면서 동시에 국가의 효용을 재검토해가자는 것입니다…… 물론 그 경우에는 국가가 가지고 있는 최종적인 폭력 장치로서의 성격 등이 문제가 되겠지만요. 벤야민**이 말한 법 창설적 폭력과 법 유지적 폭력,

---

* [옮긴이주] 피에르 브루디외Pierre Bourdieu(1930~2002). 프랑스의 사회학자. 콜레주 드 프랑스 명예교수. 저서로는 *Distinction*(1979), *Forms of Capital*(1983), *Language and Symbolic Power*(1991) 등이 있다.

** [옮긴이주] 발터 벤야민Walter Benjamin(1892~1940). 독일의 문예비평가, 철학자, 번역가, 사회비평가. 프랑크프루트학파. 저서로는 *Ursprung des deutschen Trauerspiels*(1928), *Das Kunstwerk im Zeitalter seiner technischen Reproduzierbarkeit*(1936), *Über den Begriff der Geschichte*(1940) 등이 있다.

즉 국가의 기원과 현재에 폭력이 편입되어 있음을 당연히 잊어서는 안 되겠죠.

사회보장social security의 회복

사이토 ●●● 지금 두 분이 말씀하신 것에 기본적으로 찬성합니다. 국민적인 것을 비판하면서 국가가 해야 할 역할을 다시 분명히 해야 할 필요가 있겠지요. 국가가 우리에게 더 이상 유일하고 절대적인 정치적 단위가 아니라는 점은 분명하다고 생각합니다. 저는 국가는 어디까지나 복수의 정치적 단위 중 하나일 뿐이며 그런 국가에 어울리는 역할을 한정적으로, 극히 한정적으로 부여하자는 쪽입니다.

예상대로 최근 사반세기 동안 권력의 중심은 사회보장Social Security에서 치안Public security으로 이동했습니다. 이러한 변화에 더하여 절대적인 안전보장과 대내적인 안전보장과의 경계가 불분명해졌다는 포스트 냉전의 변화가 중첩되었다고 볼 수 있습니다. '국민의 불만'을 억제한다는 명목 하에 사회보장을 최소한으로 축소해 간다는 방향성이 분명해졌습니다. 공적 부분이 엷어지니 그로 인해 부족해진 부분을 사적으로, 개인적으로 보충하게 되어 보장의 계층화가 두드러지게 되었습니다.

그러한 기민화棄民化에 맞서기 위해서도 사회보장 기능을 다시 회복시킬 필요가 있다고 생각합니다. 국가가 단위로서 가지는 장점은 네트워크상에서는 임의로 배제되는 사람도 보호할 수 있다는 것입니다. 이것이 비인칭의 강제적 연대가 갖는 강점이죠.

복지국가=사회국가가 가지는 그런 장점은 회복시킬 필요가 있다고 생각합니다. 피에르 로장발롱Pierre Rosanvallon[*]의 논의가 전형적인데, 국민이 분단화되어 집합적 안전보장이 갈기갈기 찢어지면 그 해결책으로 시민적 국가주의civil nationalism에 호소하는 논의가 나옵니다. '우리'라는 비인칭 연대가 끊어졌으므로 다시 한번 '우리'라는 단위를 만들어서 하면 된다는 거죠. 이는 스기타 선생님이 말씀하신 국민적인 내부 공간을 한 번 더 최적화하자는 방법과 일맥상통합니다. 그러한 내부 최적화의 방도를 이용하지 않고 어떻게 하면 집합적 안전보장을 회복해갈 수 있을까가 문제인 것이죠.

실제로 지금까지 일본의 사회보장이 국민의 구성원 자격에 의거해 있었는가 하면 그렇지 않습니다. 난민조약이 전환의 계기였는데, 사회보장은 국민이 아닌 사람에게도 국민과 동일하게 적용한다는 방향으로 꾸려왔습니다. 더구나 그런 내외인 평등 원칙은 기본적으로 지지를 받았죠. 집합적 안전보장은 반드시 국민적인 구

---

[*] [옮긴이주] 피에르 로장발롱Pierre Rosanvallon(1948~). 프랑스의 역사학자. 콜레주 드 프랑스 교수. 근현대정치사, 민주주의 역사, 프랑스정치사 전공. 저서로는 *La République du centre. La fin de l exception française*(1988), *La Démocratie inachevée. Histoire de la souveraineté du peuple en France*(2000), *La contre-démocratie. La politique à l âge de la défiance*(2006) 등이 있다.

성원 자격에 의거할 필요는 없습니다. 이는 이른바 '역사적 실정성實定性'으로서 실제로 있는 것이며 이를 활용하지 않을 수 없죠. 일본은 가까스로 빈곤구제형의 안전망을 유지해왔습니다. 하지만 제3세계의 경우 IMF/세계은행의 '구조조정 프로젝트SAPs' 등을 통해 생활수단이 파괴되었을 때 이에 대응할 수 있는 사회보장 시스템을 만들 틈도 없었습니다. 집합적 안보를 수립하기 전에 방대한 불안정이 생겨버린 거죠. 국내의 불안정뿐 아니라 동시에 제3세계의 불안정도 심각하게 받아들이는 '사회적 연대 이유'를 어떻게 하면 찾을 수 있을까요?

국가state 논리의 한계

스기타 ●●● 국가의 재평가라고 말씀하셨는데 저는 국민국가와 관련해서 국민의 측면만을 비판하고 국가는 남겨둔다는 전략은 통하지 않을 거라고 생각합니다. 과거 사회주의사상에서 줄곧 제기되어온, 선진국과 개발도상국의 노동자는 연대 가능한가라는 문제를 생각해보면 이는 명백합니다. 이 문제는 제기는 되었으나 어느 누구도 해결하지 못했죠. 이 문제의 현실성이 오히려 강해지고 있습니다. 즉 어떤 경계선 내부에 있는 가난한 사람들이 자신들의 생활을 조금이라도 지키고자 이민을 배척하는 위험성이 있다는 겁니다.

아마도 사이토 선생님이 말씀하신 것처럼 어떻게든 주민으로 잠입한 사람들에 대해서는 대처할 수 있을지도 모르겠습니다. 하지만 국가는 모든 이주 희망자를 주민으로 받아들이는 것은 불가능하다고 보는, 그렇게 입국 관리를 하는 곳입니다. 국가는 입국 관리를 하고 있기에 국가이며 만약 입국 관리를 하지 않는다면 국가가 아닙니다.

그 경우에 이른바 선진국 즉 적어도 안전망이라는 것을 말뿐 아니라 어느 정도 구상할 수 있는 능력이 있는 곳과, 그렇지 않은 곳과의 관계는 역시 상당히 대립적인 관계가 될 수밖에 없습니다. 전형적으로 예컨대 개발도상국 채무를 어떻게 할 것인가 또는 국제 원조를 어떻게 생각할 것인가의 문제와 관계가 있지요.

국가 논리에서 말하자면 개발도상국 채무를 무조건 포기하는 것은 국가로서의 '답책성'을 포기하는 일입니다. 국가 내부의 사람들, 국민의 생활수준을 저하시키는 일로 이어지니까요. 이 경우 국가는 이른바 중앙정부만이 아니며 예컨대 지자체정부에 대해서도 동일하게 말할 수 있습니다.

예를 들어 지금 일본에는 일단 제도로는 생활 보호라는 것이 있습니다. 그러나 보호를 필요로 하는 사람 전원에게 보조금이 지급되고 있는가 하면 전혀 그렇지 않습니다. 이른바 '홈리스'로 불리는 사람들의 상당수가 지급받지 못하고 있습니다. 이는 단순히 당국이 나쁘다는 것이 아니라 예산 상한이 있기 때문입니다. 당국이 선의를 가지고 있을지라도 답책성의 논리에서 보면 예산을 넘어서는 지급은 할 수 없습니다. 물론 예산을 늘리면 됩니다. 하지만 그럴 정도로 여론의 지지가 있는가, 형식적·조건적으로 필요한 사람 모두에게 지급하기 위해 세금을 더 내도 좋다는 여론을 형성할 수 있는가가 결국 관건이 됩니다.

사이토 ●●● 생활 보호에 대해서는 예산의 제약보다는 이른바 '방어 작전'으로 신청 자체를 억제해온 경위가 있죠. 그것이 불행히도 주효하여 예산의 틀 자체가 축소되어버린 것이죠.

스기타 ●●● 대략 예산을 다 써버렸다는 이유도 있습니다. 음, 물론 행정 측의 전술적인 면도 있을지 모르겠습니다만······.
이른바 글로벌 이코노미 속에서 고통 받는 사람들을 어떻게 할지가 문제인데요. 지금까지는 국가 논리, 즉 국가가 책임을 지며, 책임이 있으니까 보호할 거라고 기대해온 거죠. 이에 대해 지금 굳이 제기하는 것은 책임은 없지만 보호한다는 것입니다. 예를 들어 자원봉사나 자선이 기본적으로 그런 발상입니다. 책임은 없지만 한다 또는 책임이 없는 것이 오히려 정신적인 동기 유발이 된다, 책임이 없으므로 아무것도 하지 않아도 된다는 것에 대한 위화감, 이것이 동기가 되고 있는 것입니다. 조금 전부터 문제가 되고 있는, 내버려진Verlassen 아프리카 등에 대해 이를 통치 관리적 담론이나 논리로 포섭해가는 것이 가능할지요? "책임이 없다고 생각하는 당신이 하지 않으면 안 된다"고 하는, 그런 논리를 세워갈 수밖에 없지 않을까라는 생각이 듭니다.

글로벌 경제의 공죄

다카하시 ●●● 여기서 오해가 없도록 말해두고 싶은데 스기타 선생님과 나머지 세 사람은 대립하는 것이 아니라 스기타 선생님의 '경계선 없는 정치' 라는 것에 기본적으로 찬성하고 있습니다. 이는 요컨대 탈구축입니다!(웃음)

스기타 선생님의 연구보고 마지막 부분을 보면, 지금까지는 국가를 전형으로 하는 경계선의 정치 속에서 그 경계의 내부에 대해 책임진다는 '답책성' 이라는 것을 가지고 해왔는데, 그 경계를 없애버리면 무책임하게 되지 않을까라는 논의에 대해 오히려 "경계선 없는 정치는 어떤 문제도 회피할 수 없다. 지표의 모든 사람들의 생활에 대해 당사자로 존속하는 것, 이것이 경계선 없는 정치로의 회귀다"라는 말씀을 하고 계십니다. 저는 이 "당사자로 존속한다"는 것을 응답 가능성의 의미에서 책임과 결부시키고 싶습니다.

다만 현실적으로 국민국가가 존재하고 있습니다. 즉 국가가 존재하고 있으며 따라서 그러한 이상 국적nationality에 대해서도 또한 생각해야 합니다. 예컨대 한반도를 어떻게 생각해야 할까요. 한반도는 실제로 분단된devide 상태이므로 우선은 국민을 구축하기 위해 통일을 지향합니다. 그 지향을 부정하는 편에 우리가 설 수는 없겠죠.

즉 새로운 월경 가능성은 어떠한 경계선이 없는 상태라는 것을 구상력 속에서 생각함으로써 나오게 되는 것입니다. 따라서 다양한 차원을 동시에 생각해야 한다는 말이라고 생각합니다.

사이토 ●●● 다소 스기타 선생님에 대한 비판이 될지도 모르겠습니다. 책임이 없지만 보호한다고 하면 아무래도 사후적 구제 쪽으로 기울지 않을까요. 문제 그 자체를 창출하거나 아니면 문제를 묵인·방치하는 것에 대해 비판하는 것이 되기보다는 말입니다.

물론 네트워크형이라 할지 책임은 없지만 보호한다는 것과 같은 연대는 하나의 차원으로서는 매우 중요하다고 생각합니다. 하지만 많은 사람들의 생활수단 또는 환경을 파괴해왔다는 사정을 돌이켜보면 이제 와서 우리 측에 "책임이 없다"고 말할 수는 없습니다. 그런 의미에서 우리는 항상 이미 '당사자'로 존속하고 있는 것입니다. '유니클로' 제품은 중국에서 제작되고 있는데, 동일한 의류제품을 만드는 데 중국이 일본보다 20배 이상의 이산화탄소를 배출한다고 들은 적이 있습니다. 무엇보다 기업 권력의 남용—우리는 그로부터 이익을 얻고도 있지만—을 아직도 제어하지 못하고 있다는 책임은 큽니다. 물론 시애틀에서 제시된 것 같은 NGO 적극행동주의의 힘도 있지만 민주적인 통제 회로가 살아 있는 곳에서 '경제 테러리즘'이라고도 부를 수 있는 자의적인 권력 남용에 저항해가는 것이 역시 맞지 않을까요.

사후적인 구제보다는, 생존 기반을 잇달아 파괴시키며 날뛰는 방자한 '악마의 맷돌' 같은 권력을 어디서 어떻게 제약할 수 있을까를 생각할 때 유엔이나 국가 간 연계 행동이 할 수 있는 역할은 여전히 크다고 생각합니다. 토빈세나 탄소세, 다국적기업에 대한 연계 세제를 만들고 그 세수를 남북 분단을 메우는 목적으로 사용하자는 구상도 실제로 유엔에서 제기되었죠.

스기타 ●●● 그렇게 생각할 수도 있겠지만 우선 글로벌 자본주의가 일방적으로 나쁜 결과만을 낳고 있다고 말할 수 있을까요? 경제를 일국적으로 최적화할 수 있다는 것은 제한된 상황에서만 성립합니다. 조금 전에도 말이 나왔듯이 '따라잡기'가 신봉되고 있는 상황에서는 가능했었지요. 하지만 그렇지 않은 현 상황에서는 경제의 일국성을 유지하는 것 자체가, 즉 국가경제라는 단위를 생각하는 것 자체가 어떤 사람들에게는 오히려 바라는 바가 아니라는 문제가 있습니다. 아프리카 어떤 나라의 국가경제에 대해 "너희는 어찌됐든 그 안에서 경제를 발전시켜라"라고 말할 수 있는가 라는 겁니다.

그리고 세계경제 자체가 일방적으로 악이며 그런 이유로 세계경제에 대해 국가가 국지적으로 관리해야 하고 관리할 수 있다는 시각도, 경우에 따라서는 가능하겠지만 그럴 수 없는 경우도 있지 않을까 생각합니다.

예를 들어 앞에서 언급했듯이 다국적기업의 간부들의 경우 비행기를 타고 이동하겠지만 화물선 바닥에 숨어서 이동하는 사람들도 있습니다. 화물선으로 이동하는 사람들은 물론 비행기를 타고 있는 사람들과 달리 비참합니다. 그러나 그들 입장에서도 국경이 닫혀 있는 것보다는 열려 있는 편이 그래도 더 낫습니다. 물론 이른바 선진국의 국경 안으로 들어가도 최저 임금 노동력이 될 뿐이라고 말할 수도 있을 겁니다. 하지만 선진국에 오기 전보다는 나은 상태가 됩니다. 그들에게도 세계경제라는 것이 극히 한정된 의미이기는 하지만 효과적인 면이 있다는 것입니다. 그런 면을 간과해서는 안 되지 않을까요.

그들이 선진국으로 이동하는 것을 막고 특정 국가 안에 머무르게 하면서 그곳에서 최적화가 가능하다는 전망이 있다면 좋겠습니다. 그러나 그럴 가능성이 매우 적어진 지금 상황에서는 사람의 이동 자유화도 포함해서 생각해야겠지요.

사이토 ●●● 선진국 측이 누구를 받아들일지는 매우 선택적이겠지요. IT 등 다국적기업을 지원할 고도의 기술을 가지고 있거나 간호·복지를 포함한 재생산 노동 또는 저임금·악조건·장시간 노동에 시달리거나, 뚜렷하게 양극화된 이민의 흐름이 눈에 띕니다. 받아들이는 국가가 비교적 자의적으로 포괄을 선택할 수 있는 현재로서는 매우 자기중심적인 노동력의 이동입니다.

선진국으로 이동할 수 있다는 것은 비교적 축복받은 선택입니다. 농촌에서 흘러나와 부에노스아이레스 같은 제3세계 지역의 대도시로 가지만 제3세계 지역 밖으로는 이동하지 못하고 농촌으로 돌아가지도 못한 채 그곳에 체류할 수밖에 없는 경우가 있습니다. 국가는 이른바 글로벌 파워의 하청 기관으로서 그런 식으로 도시에 체류하는 위기 그룹risky group을 억제하는 역할을 하고 있습니다. 불필요하게 또는 과잉으로 나아가지 못하도록 하고 있는 거죠.

이동의 기회가 열린 것은 분명히 어떤 사람들에게는 복음입니다. 하지만 글로벌 파워는 방대한 사람들을 어떤 경계 안에 한정시키는 권력이기도 합니다. 남겨진 사람, 돌려보내지는 사람에게는 복음일 리가 없겠죠.

스기타 ●●● 거기에는 글로벌 파워가 한정하고 있는 것인가 아니면 주권이 한정하고 있는 것인가라는 문제가 있습니다.

사이토 ●●● 양자가 어떻게 결부되어 있는지를 살펴볼 필요가 있겠지요.

민주주의와 국가

강상중 ●●● 지금 스기타 선생님이 하신 말씀은 제일 급진적인데 어떤 의미에서 저는 이동이나 월경에 대해 이것저것 말해온 편이므로 가까운 입장입니다. 그 문제가 제일 급진적이며 만약 그 문제를 끝까지 규명해간다면 주권국가도 해체될 터이며 지금의 시스템이 변하지 않을 수 없으리라 생각합니다. 이때 '난민'이라는 것을 어떻게 생각할 것인가라는 문제가 부상합니다.

지금의 아프가니스탄 문제를 보지요. 난민을 일본 안에 어느 정도까지 받아들일 수 있을까요. 아프가니스탄 난민을 받아들일 경우 그것은 국적과의 관계뿐만 아니라, 조금 전 사이토 선생님의 말을 빌려 시민권이라는 관점에서 말하자면, 어떤 의미로는 사실상 경계선을 소거해가는 것이 됩니다. 왜 그것을 막으려고 할까요? 이유는 한편으로는 민주주의이기 때문이라는 면도 있다고 저는 생각합니다. 그러니까 토크빌을 원용하지 않더라도, 말 그대로 민주주의이기 때문에 오히려 자신들의 이해득실이나 풍요를 보다 집합적으로 강화하는 면이 있는 거죠. 음모론처럼 권력자들이 그렇게 하고 있기 때문만은 아니라고 생각합니다.

그렇다면 한편으로는 '민주주의라는 것을 어떻게 생각해야 하는가'라는 문제가 생긴다고 봅니다. 이 문제를 여기서 조금 더 논의할 필요가 있지 않을까요. '경계선 없는 정치'라는 것을 생각해보면 종종 이른바 경계선 안의 민중들demos로부터 "난민은 싫다"라는 목소리가 나올 겁니다. 권력자만 그런 말을 하는 게 아니라는 거죠. 그렇다면 민주주의라는 것을 어떻게 생각하면 좋을까요? 지금 당장은 민주주의가 가장 최적의, 인류의 예지라고 생각합니다. 하지만 아무리 해도 그렇게 안 됩니다. 계몽이 부족해서 그런 걸까요(웃음).

다카하시 ●●● 하기야 미국에서 부시가 그토록 혼란스러운 선거를 거쳐서 당선되고, 팔레스타인 문제에 대한 대응도 그랬지만 여러 형태로 비판을 받았으나, '테러 사건'이 발발하자마자 90퍼센트까지 지지율이 올랐고 성조기가 도처에 휘날리는 상황이 되었죠. 고이즈미小泉 정권의 지지율 역시 90퍼센트 정도까지 올라갔고요. 고이즈미가 종전에 모리森파를 지지했었던 것 같은 일은 어디론가 묻혀버리고 말았습니다.

민주주의Democracy와 중우정치Ochlocracy는 어떻게 구분되는가라는 플라톤, 아리스토텔레스 이래의 '경계' 문제가 나오리라 생각합니다(웃음). 이는 남의 일이 아니라 우리에게도 던져진 대단히 중대한 문제입니다.

스기타 선생님은 국경이 열려 있는 편이 좋다고 말씀하셨는데 저도 전적으로 그렇게 생각합니다. 따라서 기본적으로는 대립하지 않지만, 사이토 선생님이 말씀하신 것처럼 이동 가능한 사람이란 누구일까요? 엘리트가 퍼스트클래스 비행기를 타는 경우도 있겠지만, 난민 등의 형태로 탈출한 사람들 사이에서도 선택적으로 어쩔 수 없이 남겨진 사람들, 국경을 넘지 못하는 사람들이 있습니다. 그렇게 생각했을 때 결국에는 예전에 국내에서 농촌이 과소화하고 도시에 노동력이 집중되어 극도로 불균형한 상태가 되었던 것과 유사한 상황으로, 아프리카 등은 노동력 없는 사람들이 '외부'에 남겨져서 점점 황폐해질 가능성도 없다고는 할 수 없겠지요. 조금 전에 개발도상국 채무 문제가 나왔는데 더반회의에서 식민지 지배, 노예제 책임이 문제가 되어 서구 국가들이 채무포기를 재촉받았던 일이 있었습니다. 그 결정만 봐도 현 시점에서는 민주주의라고 할지 국민국가의 틀에서 문제를 해결해나가지 않을 수 없는 상황입니다. 개발도상국 채무 문제도 아프가니스탄 난민 문제도 국가가 거부하니까 현 상태가 된 것인데 그 문제에 대해 국가가 긍정적으로 응답, 결정한다는 가능성이 유보되어 있습니다.

신체감각과 경계의 변용

스기타 ●●● 논점을 분명히 했을 뿐 특별히 대립하는 것은 아닙니다만……. 조금 전에도 말했듯이 국가의 답책성에 대해 관료나 정치가의 논리로 생각하면 '포기하지 않는다'는 것이 오히려 답책적이겠죠. 즉 국민의 재산을 지켜야하므로, 예를 들어 공해재판 등에서 국가가 졌을 때 반드시 항소하려고 합니다—최근에는 다소 바뀌었지만 예전의 생각으로는 아무리 잘못이 있어도 끝까지 재판에서 다투지 않으면 답책적이지 않다고 비판받는 일이 있었기 때문입니다. 국가의 속성으로서 '무류성無謬性'이나 '일관성', 다름 아닌 '국가이성'이라는 전제가 있었으므로 그에 따라 해왔던 것입니다.

그러던 것이 지금은 일본과 같은 곳에서조차 국가의 절대성을 어느 정도 상대화하지 않으면 안 되는 상황이 되었습니다. 그런 의미에서 약해진 국가라고 할까, 자기 상대화하고 있는 국가를 생각한다면 여러 면에서 좋은 결과를 낳을 수 있을 겁니다. 다만 국가가 반드시 그런 식으로 기능한다는 보장은 못합니다. 역시 그때그때의 경제 상황이나 여론에 영향을 받는다는 거죠.

이를 돌파할 발상 중 하나는—예전부터 있었던 논의지만—세계 정부식으로 민주주의를 글로벌화하면 답책적이고 게다가 국제적인 무언가가 생길지도 모른다는 것입니다. 그러나 그것이 제도로서 성립 가능한가라는 문제가 있습니다.

종래의 정치가 경계선을 전제로 하고 있는 배경에는 상상력의 한계로 '이 범위 안의 사람들과는 연대할 수 있지만 바다 저편의 사람이나 산 저편의 사람은 그렇지 않다'라고 하는, 바로 조금 전부터 강상중 선생님이 언급하고 있는 '신체감각'적인 것이 실은 있었는지도 모릅니다.

유럽과 같이 어느 정도—어느 정도에 불과하지만—상호 교류가 예전부터 있었으면 그 나름대로 광역적인 '권역圈域'을 만드는 일 정도가 가능할 수도 있겠지요. 하지만 그런 신체감각이 거의 없는 상황에서 단순히 추상적으로 말한들 상당히 어려우리라는 것은 부정할 수 없습니다.

다만 다른 한편으로 지금은 네트워크나 인터넷 등으로 사람들의 거리감이나 공간의식이 다소 바뀌고 있는 면이 있지 않을까 생각합니다. 이전에는 지리적 거리가 전부였지만 지금은 오히려 먼 곳의 사람과는 친밀하면서 이웃사람과는 말도 하지 않는 등 인간관계의 방식이 변화하고 있습니다. 이런 점은 장기적으로는 상당히 영향이 있지 않을까 생각합니다. 지리적으로 울타리를 치는 것은 너무 진부하지 않은가요.

그러므로 제가 말한 '모든 일에 당사자성을 가진다'는 것이 예전보다는—다국적기업, CNN도 어느 정도 긍정적인 면이 있습니다. 물론 엉터리인 면도 많지만—현실성을 가지게 되었다는 겁니다. 네트워크를 가지고 있다든지 연결되어 있으므로 이전보다는 그런 감각을 가질 수 있는 것은 아닐까요. 굳이 긍정적으로 말하자면 그렇다는 말입니다만.

강상중 ●●● 그러니까 중간 범위적인 이론은 아니지만, 지역적인 연대 구상이 필요한 게 아닐까요. 이 또한 어딘가에 경계를 만들지 않을 수 없겠지만 우선은 상상의 형태로 "여기부터 여기까지는 뭔가 할 수 있을 것 같다"라는……. 그러면 당장 전자미디어가 이렇게 발달해 있고 이렇게 많은 사람이 이동하는 근린관계 속에서 그것이 불가능할 리는 없다고 생각합니다.

이 경우 최대의 난관은 역시 주권이라고 생각합니다. 주권이 가지는 물신성物神性으로부터 해방되어 있지 않다는 것입니다. 조금 전에 스기타 선생님은 국가의 '무류성'을 언급했는데 주권이 불가분, 불가침하며 지상의 신처럼 생각되고 있는 점이 있습니다. 따라서 국가에 대해서도 단일 의사밖에 명시화되지 않으며 항상 그렇게 해왔습니다. 지역적인 연계를 통해 주권을 함께 공유하고 그 불가분성을 차차 상대화해가는 것, 더 나아가서는 예컨대 이전에 독일에서 SPD(독일사회민주당)가 시도하려고 했었는데, 이중국적자 또는 다중 국적자를 늘려가는 것이 중요하지 않을까요.

다카하시 ●●● 결국은 못 했죠.

강상중 ●●● 민주주의 문제로 CDU(기독교민주동맹)라든지 CSU(기독교사회동맹)의 반대도 있었으니…….

다카하시 ●●● 예전의 이른바 혈통주의적인 것에 비하면 좋아진 것이지요.

강상중 ●●● 좋아졌지요.

사이토 ●●● 다만 오히려 비호권庇護權은 실질적으로 대폭 제한해서 새로운 난민 수용을 중지하려고 합니다. 유감이지만 혈통주의의 포기는 이미 정주화定住化한 사람들에게만 은혜가 되고 있습니다.

강상중 ●●● 물론 그러니까 반드시 제약되는 부분이 나오리라 생각합니다. 다만 실제 문제로서는―이런 표현은 그다지 좋지 않지만―조금씩이라도 지역주의 구상이 실현되는 방향으로 나아가는 것 외에는 방법이 없지 않을까 생각합니다. 그러니까 '경계선 없는 정치' 라는 것을 당장 실현 가능한가 아닌가보다는 나아가야 할 하나의 규제 원리로 생각하면 좋겠습니다. 그 방향을 향해 모든 현실적인 행동을 위치시켜간다는 거죠. 그것이 실현 가능할지 어떨지를 당장 생각하기보다는 우선 그 도정의 하나로 지역적이라는 것을 생각해도 좋지 않을까 싶습니다. 그래서 언젠가는 그 쪽을 향하도록…….

그런 점에서 '경계선 없는 정치' 가 만약 국민적인 공간의 철거와 같은 것을 의미하는 것이라면 우선 이중국적이나 다중국적을 시도해볼 일이라고 생각합니다. 물론 그로부터 당연히 배타적인 것이 나올 겁니다. 하지만 무엇보다 국적과 주권이 단일하며 불가분하게 결부되어 있다는 기이함이 문제를 제대로 파악하지 못하도록 하고 있으므로 우선 그런 시도를 해보는 것이 좋겠다는 생각입니다. 그렇게 해서 다중국적이 되면—물론 그걸로 인종적 계층제가 완전히 사라지는 일은 없겠지만—그런 것이 상당히 상대화되지 않을까요.

그렇게 되면 웃기는 이야기지만 제가 도쿄도지사가 될 수도 있을걸요(웃음).

다카하시 ●●● 강상중 선생님이라면 당선될지도(웃음).

강상중 ●●● 거기에는 물론 이용당한다는 면도 있습니다. 항상

이중성이 있다고 생각합니다, 마이너리티이기 때문에. 그러니까 실제로 미국에서는 그렇게 되고 있죠. 흑인이기 때문에, 공화당 안에서 과격한 라이스라는 사람도 나왔으며 파월도 그렇지요. 그러니까 그런 건 있을 수 있다고 생각하지만 우선 이중국적, 다중국적을 만들어보는 것이 중요하지 않을까요. 그런 의미에서 지역적이라는 것이 의미가 있지 않을까 생각합니다.

구체적으로 동북아시아에서는 우선 일본과 한반도를 생각해간다든지. '경계선 없는 정치'라는 것을 조금씩 쌓아가는 노력을 할 수 있지 않을까 생각하는데, 스기타 선생님의 구상을 더 적극적으로 고려하는 게 좋겠습니다.

사이토 ●●● 적극적으로 고려합시다(웃음). 지금까지처럼 국경을 국적으로 정의하고 그걸로 닫아버리기보다는 기본적으로 국경은 열려 있으며 만약 배제하는 것을 피할 수 없다고 한다면 그 배제를 정당화할 제대로 된 이유를 대지 않으면 안 된다고 하는 게 훨씬 건전한 방식이라고 생각합니다. '은혜'로 받아들여준다고 하는 것과는 반대 방식입니다. 강상중 선생님이 말씀하신 것처럼 국적과 시민권 사이에 틈새를 벌리고 이중국적, 다중국적을 극히 당연한 것으로서 인정해간다는 것에 대해서도 전적으로 찬성입니다. 누구인지가 아니라 지금 어디에 살고 있는지가 정치적 권리의 기반이 된다면 매우 바람직한 일입니다.

다만 우려되는 점을 조금만 더 말하자면, 미국에서도 그렇지만 유럽의 대도시에도 이른바 '거주지의 격리' 즉 생활공간의 명백한 분단 문제가 심각해지고 있다는 점입니다.

스기타 ●●● 이민 국가라고 해서 차이에 대해 열려 있다고 단정할 수는 없다는 거지요?

사이토 ●●● 그렇죠. 국경을 넘는다, 물리적인 경계를 넘는다는 것은 좋지만 그걸로 정말 경계를 넘은 것일까요?

인터넷을 포함하여, '신체감각' 자체를 바꾸는 것 같은 경계의 변용은 확실히 일어나고 있다고 생각합니다. 하지만 그 경계가 누구에게는 넘기 쉽고 누구에게는 넘기 어려운가라는 문제를 역시 수반합니다. 경계를 가장 쉽사리 넘을 수 있는 것은 말할 필요도 없이 경제력을 배경으로 퇴출 옵션을 행사할 수 있는 사람들입니다. 미국의 이민 사회에서도 차별철폐조처Affirmative Action 등 인종주의 영역을 허물자는 움직임이 있었지만 도저히 성공했다고는 말할 수 없죠. 물론 예외적으로 신흥계층이 된 사람들이 나오겠지만 대부분은 푸코*가 말하는 '계급의 인종주의' —빈곤과 인종적 '본질'을 결부시키는 이데올로기—의 경계를 넘지 못하고 억눌려 있습니다.

---

* [옮긴이주] 미셸 푸코Michel Paul Foucault(1926~1984). 프랑스의 철학자. 구조주의와 포스트구조주의에 걸친 사상을 전개. 저서로는 *L' Histoire de la folie à l' âge classique*(1961), *Les mots et les choses*(1966), *L' Archéologie du savoir*(1969), *Surveiller et punir, naissance de la prison*(1975) 등이 있다.

국제기관의 문제

강상중 ●●● 그런데 최종적으로는 결론에 다소 비약이 있을지도 모르겠지만 지금까지 유엔에 관한 이야기가 나오지 않았네요. 역시 이런 문제를 생각할 때에는, 예를 들어 이번 공습 문제에서도 유엔은 거의 기능을 못했지요. 그런데 유엔에 노벨상이 수여된다고 하니 정말 블랙 유머라고 생각했죠.

다카하시 ●●● 바로 그겁니다. 전혀 기능을 못하니까 "좀 제대로 하는 게 어떻냐"는 거지요(웃음).

강상중 ●●● 조금 전의 문제에 관해 말하면 저는 기본적으로는 그렇게 하는 게 난민에게 좋을지 어떨지 모르겠습니다만 적어도 생사에 관련된 난민 수용 쿼터제를 세계적으로 만들어야 하지 않을까 생각합니다. 그래서 유엔이 난민 수용 쿼터제를 가맹국에게 의무로 부과하는 시대가 된다면 조금 다를지도 모르겠습니다. 이동할 수 없는 사람도 당사자 승인 하에 각국에 배분한다는 거죠. 지금의 기본적인 사고는 국경을 닫고 경계선의 정치를 굳건히 하여 외부 세계로 문제를—아웃소싱은 아니지만—전가하는 것입니다. 그 점이 제일 문제라고 생각합니다. 그러니까 유엔 문제를 생각하지 않을 수 없지 않을까요. 그것이 세계정부가 되는 건지 어떤지는 별개로 하고, 일단 그것도 국가 차원이기는 하지만, 조금 전에 스기타 선생님이 말씀하신 것에서 보면 경계선의 정치를 전제로 한 일종의 세계적 민주주의인데요. 만약 유엔 안에 국가 이외에 투표권을 가지는 에이전트를 늘릴 수 있다면—NGO 등이 될지도 모르겠지만—상당한 변화가 있을지도 모르겠습니다.

즉 책임이 없지만 시스템의 모순이나 '자유경쟁'의 패자를 보살피는 자발적인 에이전트가 NGO나 NPO의 형태로 등장하고 있다고 할까요. 그와 정반대에 있는 APEC이나 이른바 초국가적인 국제기관, 그리고 그에 준하는 비정치 조직도 실은 답책성이 없습니다. 그 조직들을 움직이는 사람들도 실제로는 주권을 가진 국민들이 뽑은 것은 아니며 APEC 자체는 전혀—APEC은 일례이지만—답책성이 없습니다. 그렇지만 예컨대 국제경제 문제를 보호하려고 할 때, 그 구성원들은 결국 국민에게 답책성이 있고, 책임이 있습니다. 국민의 의사를 대표한다는 형태로 주권국가의 사람들이 거기에 참가하게 되는 것입니다. 그러니까 실제로는 거기에서 내려진 결정에 대해서는 전적으로 그 결정을 좌우할 구체적인 한 표를 어느 누구도 가지고 있지 않다는, 그런 현실이 여기에서 일어나고 있는 것이죠.

그리고 다른 한편으로는 반대로 NGO와 같은 형태로, 정부와 같이 유권자에 대해 답책성을 가질 필요는 없지만 보호하는 능력이라고 할까 그 동기는 정부에 뒤지지 않게 공적인 성격을 가지는 것도 있습니다. 그런 현상을 어떻게 생각하면 좋을까요.

최대의 문제점 중 하나는 그런 초국가적인 국제기관이 분명히 민주주의 논리와는 다른 형태로 압도적인 영향력을 가지지만 민주주의적인 통제가 불가능한 면이 있는 점이라고 생각합니다. 민주주의로 말하자면 외국사람 대 같은 나라 사람이라는 형태의 대립은 참가권이 있는 자와 없는 자로 명확하게 나뉘지만, 그 위에 수립된 초국가적 국제기관은 그런 경계의 논리로는 설명할 수 없습니다. IMF, 세계은행 등의 국제기관에 대해서도, 민주주의의 절차와 규칙에 따라 일국 단위로 하는 것과는 다른 형태로 다양한 섹터가 투표권을 가진다든지 하는 것도 좋겠지만, 현실의 사태는 주권국가보다 오히려 그 쪽이 큰 영향력을 가지면서도 실은 답책성이 없다는 겁니다. 어떻게 하면 이에 대한 통제가 가능할까요?

지금 스기타 선생님이 지적한 점과 관련되는 문제인데, 일단 국가에 답책성이 있기 때문에 보호하지 않으면 안 되는 면에서 일어나는 여러 문제점이 있습니다. 또한 그렇지 않은 어떤 단위 즉 네트워크 논의가 한편으로 있었는데, 다른 한편으로는 답책성은 없으나 가장 영향력 있는 초국가적 기관이나 시장에 지배되어 그것이 우리의 복지에 영향을 미치는 점을 어떻게 하면 좋을까라는 문제도 있습니다.

실제로 국가는 전혀 IMF나 세계은행 등의 기관에 대해 답책성이 없습니다. 그 모순은 금융파탄에 몰린 아시아 국가들에 대한 IMF의 재건 메뉴 강요에도 나타나 있고요. 이를 어떻게 생각할 것인지가 문제입니다.

다카하시 ●●● 국제기관이라고 해도 태반은 미국과 같은 슈퍼 헤게모니에 의해 좌지우지되며 그런 주권국가를 규제할 힘은 그다지 없습니다. 국제기관은 국가의 논리 위에 있다고 하기보다는 역시 미국이라는 거대 국가에 의해서 좌우되고 있죠.

강상중 ●●● 물론 미국이 헤게모니를 잡고 기축 체제를 취하고 있죠. 그러나 미국의 독점적 헤게모니가 일방적으로 행사되고 있는 것은 아니라고 생각합니다. 오히려 G7이나 국제금융자본 등과 일종의 협력 관계가 형성되어 있는 것입니다.
예를 들어 일본도 금융이 파탄하면 미국으로부터 재건책을 강요당하겠지만 동시에 IMF의 관리 하에 들어갈 가능성도 있습니다. 영국은 1970년대에 한 번 IMF의 관리 하에 있었죠.

'내외의 구별'의 탈구축

다카하시 ●●● 글로벌 경제 시대에 국가의 효용과 같은 이야기를 하게 되다니(웃음), 딱 오해받기 쉬운데요. 현재 일본 국가를 생각해보면, 예를 들어 난민 문제에 대해서도 수용 인원수가 너무나 빈약합니다. 유엔난민고등변무관이 배출되었는데도 불구하고 베트남전쟁 때부터 지금까지 바뀌지 않고 있습니다. 그렇기는커녕 9·11사건이 일어나자 바로 아프가니스탄에서 온 난민신청자 10

명 이상을 불법체류로 수감해버린 일조차 있었습니다.

일본 국가는 이런 식으로 경계선을 강화하는 정치를 계속해왔습니다. 1990년대 들어 그런 경향이 더욱 강화된 면이 있으며 신자유주의적 규제 완화와 신국가주의적 통합이나 관리 강화라는 것이 세트가 되어 움직이고 있는 상황입니다. 세계적으로도 유사한 구조가 있지 않느냐는 말을 했는데, 이런 상황 속에서 일본 국가의 일종의 폭력적인 배제와 관리에 대해서는 철저하게 비판해야 할 것입니다. 이때 하나의 통제적 이념이 될 수 있는 것이 '경계선 없는 정치'라는 겁니다. 탈구축의 원리는 바로 경계선의 해제, 비무장화입니다.

국가의 관리, 통합의 강화에 대해 말했는데 제1부에서 화제로 삼은 후쿠자와 역시 문명에 대해 정의하면서 내외의 구별을 분명히 할 것이라고 말하고 있죠. 후쿠자와는 《문명론의 개략》 마지막 부분에서 "목적을 정하고 문명으로 나아가는 일만이 남아 있다. 그 목적이란 무엇인가. 내외의 구별을 분명히 해서 우리 본국의 독립을 유지하는 것이다. 그리고 이 독립을 유지하는 방법은 문명의 밖에서는 구할 수 없다"고 말합니다. 내외의 구별을 분명히 해야 한다고 하는데 그렇다면 그 구별을 어떻게 해야 할까요? 후쿠자와의 경우는 산 너머 저편 사람들과는 자연히 친화성이 다르니 친화성 있는 이편 안에만 울타리를 치고 그 공동체에 편파심을 갖는 것이 자연스러운 일이라고 합니다. 이런 것은 "천하의 공도", 환언하면 철학이라는 견지에서 보면 단순히 사적인 감정으로 별 것 아닌 것처럼 보일지도 모릅니다. 그러나 그런 것이 현실을 지배하고 있습니다. 후쿠자와의 내셔널리즘은 여기에서 나옵니다.

그 '내외의 구별'이라는 것을 탈구축할 필요가 있습니다.

강상중 ●●● 그 반대가 사카모토 다카오의 《국가학의 권장国家学のすすめ》입니다. 이 책에서도 국가의 응집성과 구심력은 상호 침투되어 있으며, 이에 대한 망상증적인 피해자 의식이 만연합니다. 문맥은 다르지만 헌팅턴도 그렇죠.

다카하시 ●●● 그러니까 사카모토는 편파심을 평가해야 한다는 점에서 후쿠자와로 회귀하고 있죠.

스기타 ●●● 그런 문맥이겠지요.

강상중 ●●● 역으로 그렇죠. 그런 점에서 지금의 일본 안에 후쿠자와가 받아들여지는 면이 나오는 것이지요. 이는 단순히 후쿠자와 평가에 그치지 않고 실제 정치로서도 매우 큰 의미를 가진다고 생각합니다만.

다카하시 ●●● 스기타 선생님은 이 부분에 대해 어떻게 생각하십니까? 즉 편파심이라는 것은 인간이 어쩔 수 없이 가지게 되는 것이며 여러 요소에서 공통성을 가지는 사람들끼리 울타리를 치는 것은 자연스러운 일이라는…….

예를 들어 가토 노리히로 등은 왜 자국 병사를 먼저 추도하는가에 대한 주장의 근거를 말하다가 절박해지자 "역시 아버지잖아요"라는 표현을 사용합니다. 자기를 중심으로 가까운 자, 근친자로부터 넓혀가는 것이 자연스러우며 어딘가에 경계선이 생기게 된다는 발상이라고 생각합니다만.

스기타 ●●● 다카하시 선생님이 어디에선가 쓰셨는데, 아버지와 근방의 아저씨는 다른데도 가족 원리와 민족을 일부러 혼동해서 논의하고 있다고 생각합니다. 가족도 나름대로 허구이지만 민족이라고 하면 더군다나 허구입니다. 그 범위는 언제나 늘었다 줄었다 하면서 언제든지 변화할 수 있습니다. 애초에 비서구 세계의 많은 사람들이 자기 자신이 어디의 국민인가라는 의식을 부족 의식 등보다 명확하게 가지고 있다고는 할 수 없습니다.

"그러니까 모든 아이덴티티는 망상이다"라고 말하고 끝낼 문제는 아니라는 것은 알지만 조금 전부터 논의가 있었듯이 역시 어느 정도 중층적 아이덴티티로 생각하는 것이 일단은 첫걸음이지 않을까요. 그리고 중층적으로 생각해가면 점차 아이덴티티에 대한 강박 관념은 약해질 거라고 생각합니다. 유럽 사람들은 물론 국민으로서 일정한 의식도 있을 터이고 일부에는 민족주의도 있지만 전체적으로 그건 그다지 큰 문제가 아니라는 식으로 변화하고 있다고 생각합니다.

즉 아이덴티티는 우연적인 것이고 따라서 변화할 수 있으며 게다가 다른 관계도 있다는 것입니다.`

강상중 ●●● 《내셔널리즘》에서도 조금 언급했지만 고바야시 요시노리小林よしのり*와 같은 논의는 가족에서 향당적인 공동체 그리고 더 나아가 국가로 연속할 수 있다는 허구를 만들어내고 있는 셈이죠. 명백히 국가적인 추상성이나 실체성과 애국심은 다르죠. 그런 것을 마치 연속 가능한 것처럼 상정하고 논의를 구성하고 있습니다. 하지만 그것들은 단절된 것이죠. 이는 〈자연〉과 〈작위〉라고 말해도 좋다고 생각합니다만 어떨까요.

다카하시 ●●● 겹치지 않죠.

강상중 ●●● 겹치지 않습니다. 오히려 경우에 따라서는 서로 대립하죠. 그러니까 애국적인 것이 반국가적이 될 수도 있습니다. 그런 점을 완전히 배제하고 고바야시의 《전쟁론》처럼 우리 할아버지, 할머니에서 일본 국가로 이어진다는 논의를 구성하는 것은 분명히 잘못된 것입니다. 이를 연속시키기 위해서는 상당히 작위적인 일을 하지 않으면 안 되죠. 그 작위성이 국민교육이라든지 다양

---

* [옮긴이주] 고바야시 요시노리小林よしのり(1953~). 만화가, 사회평론가. 1992년의 《ゴーマニズム宣言》 이후 만화를 통한 정치노선 주장 및 사회평론을 하게 되었는데, 대동아전쟁, 종군위안부, 천황제 등 첨예한 문제를 언급하면서 물의를 일으켰다.

한 사회적 장치로 만들어져 있다고 생각합니다. 지금의 일본에서 그 문제를 생각할 때 그런 작위성을 제대로 문제화했어야 했는데, 그리고 그것을 국민국가 비판이 하려고 했는데, 어찌된 일인지 "모든 것이 작위적이고 허구니까"라는 논의가 되어버렸습니다. 내셔널리즘을 둘러싼 〈자연〉과 〈작위〉의 균열을 깨닫지 못한 사람들이 자신의 신체감각과 어긋나게 되고 그것이 메워지지 않는 것에는 이런 이유도 작용하지 않았을까요?

'관심의 경제'를 바꾸는 힘

사이토 ●●● 저도 그렇게 생각합니다. 가족의 연장선상에 부락공동체가 있고 그 연장선상에 국민국가가 있다는 것은 완전한 허구입니다. 마치 그것이 자연스러운 일인 것처럼 국민의 '가까움'으로 연출되고 있는 것에 불과하죠. 그렇다고 해도 그것이 허구라고 말하는 것만으로는 그다지 효과가 없습니다. 영국의 '제3의 길'과 같이 보다 '자연스러운' 공동체로 바꾸자는 이야기도 되니까요. 중요한 것은 누구와 누구 사이에 '가까움'이 설정되는지, 누구와 누가 격리되려 하고 있는지를 그때마다 점검하는 식의 비판이겠지요. '하위계층'에도 보이는 것처럼 국민 안에 압도적인 '거리'가 생기는 일도 있습니다.

조금 전에 다카하시 선생님이 말씀하셨듯이 공간상의 가까움이

아닌 실제로서의 가까움이 생겨나고 있으며 가까움/멂의 현실성
이 재편성되고 있습니다. 그러니까 국민의 '가까움'을 다시 연출
하려고 하면 상당한 무리가 따릅니다. '국민의 재—상상'을 강행하
고자 한다면 이전보다 훨씬 폭력적인 것이 되겠죠.

'가까움'은 예기치 않게 설정됩니다. 예를 들어 아프가니스탄 문
제가 부각되자 역설적으로 '가까움'이 생겨 어떻게든 그 문제에
관여하고 싶다든지, 스기타 선생님이 말씀했듯이 어떤 방식으로
든 "당사자로 있고 싶다"고 생각한다는 거죠. 어디가 가까운지, 누
가 가까운지는 결코 자명하지 않습니다. 고정된 것은 아닙니다.

우리들의 '관심'의 배분=배치라는 것이 어떤 방식으로 편성되어
있는가에 대한 반성이 대단히 중요해졌습니다. 거듭 말할 필요도
없지만 무엇이 우리의 문제이며 무엇이 우리의 문제가 아닌가라
는 그런 문제 감각 자체가 이러한 '관심의 경제'에 의해 제약되어
있습니다. 사물을 고정된 표상으로만 보는 것도 무지=무시의 한
형태입니다.

리처드 로티Richard Rorty*는 '관심'을 환기시키는 것은 "이론보
다는 오히려 다큐멘터리나 소설이다"라고 말합니다. 고통이나 잔
혹한 폭력을 겪고 있는 사람의 상황을 확대해서 지각시키는 장치

---

* [옮긴이주] 리처드 로티Richard Rorty(1931~2007). 미국의 철학자. 스탠포드대학 교수. 프
래그머티즘의 입장에서 근대철학을 재검토하며 "철학의 종언"을 논한 바 있다. 저서로는
Consequences of Pragmatism: Essays, 1972-1980(1982), *Achieving Our Country: Leftist Thought
in Twentieth-century America*(1998), *Philosophy as Cultural Politics*(2011) 등이 있다.

라고 말하고 있는데, 그러면 미국의 CNN, ABC의 다큐멘터리는 어디로 관심을 돌리고 있는 걸까요?

강상중 ●●● 그렇게 보면 조금 전에 지정학적 분단이라는 말을 했는데 역시 이번 문제는 미국을 경유했기 때문에 우리에게 특히 큰 관심거리가 되었다고 할 수 있습니다. 미국을 경유하지 않았다면, 즉 미국에서 테러가 일어나지 않았다면 그 정도까지는 아니었을 거라고 생각합니다. 실제로 20년에 걸쳐 내전과 대소련 전쟁을 치르고 있던 아프가니스탄에는 거의 주의를 돌리지 않았습니다. 이란·이라크 전쟁 시에도 우리는 현실적으로 관심이 없었죠. 아나운서가 이란과 이라크를 구별 못하는 경우조차 있었습니다(웃음). 그런데 걸프전 때는 사태가 완전히 변했습니다. 즉 미국이라는 나라는, 달러가 그렇듯, 미디어를 통해 국지적인 것을 통약하는 제3항적인 추상성으로서 존재하는 것 같은 생각이 듭니다. 이를 경유함으로써 '관심'이 배분되어갑니다.

이런 상황을 바꾸지 않으면 '관심'의 구조라는 것은 변하지 않습니다. 그러니까 왜 미국이 헤게모니를 쥘 수 있는가 하면, 화폐적인 의미로 말하면 분명히 제3항인 겁니다. 그 필터를 통해서 통약 가능한 거죠. 그러므로 그 의미를 숙고하지 않으면 안 됩니다. 그렇게 보면 이번에도 아프가니스탄에 모두가 관심을 가지지만 미국이 관심을 가지지 않게 되면 아마도 관심이 없어지는 것은 아닐까요(웃음). 그럴 가능성이 있죠. 그렇다면 그 '관심의 경제'를 어떻게 하면 바꿀 수 있을까요? 헌팅턴의 《문명의 충돌》을 봐도 "The West and the Rest"(서양과 그 나머지)라고 되어 있어 "The West"(서양)의 중심인 미국 이외에는 미국에 의해 통약 가능한 국지적인 지위밖에 부여받고 있지 못한 듯 보입니다.

다카하시 ●●● The Rest!(웃음)

강상중 ●●● 네. 잔여의 세계라는 거죠. 그 점은 역시 근대를 이해하는 방식의 근간에 관련되는 문제라고 생각하지만, 구조적으로는 거기에서 완전히 벗어나지 못합니다. 이를 어떻게 할 것인가, 어려운 이야기이지만 그 점을 바꾸기 위해서는 무엇이 필요한가가 문제입니다.

'근대의 초극' 론은 일본이 중심이 되어 그 문제를 뒤집기 위한 지역주의였다고 생각합니다. 그런 것은 더 이상 의미가 없습니다. 아시아라든지 동양이라든지 하는 개념을 실체화하여 "The West"(서양) 또는 미국에 대항할 대안으로 만들자는 구상으로는 안 된다는 겁니다. 지역주의는 그런 의미의 대안이 아니라 '경계선 없는 정치' 를 향한 하나의 과도기적 단계로 생각하는 편이 좋겠습니다. 대안은 글로벌하게 생각하지 않을 수 없습니다.

이 시점에서 글로벌한 제국적 지배에 대항하는 힘이란 무엇인지 다시 한 번 생각해봐야 하지 않을까요. 그 힘은 무엇일까요? 마이클 하트와 안토니오 네그리는 매우 무정부주의적인데 그 힘을

'multitude'라고 부르고 있습니다. 스피노자적인 'multitude'죠. 저는 개념적으로는 아직 잘 이해가 되지 않습니다. '대중people'보다 더 근원적인 카테고리겠죠.

다카하시 ●●● 다수자多數者라는 의미지요.

강상중 ●●● 네, 다수자라는 말이겠지요. 그 '다수자'를 어떻게 생각하면 좋을까, 저는 잘 모르겠지만 이번 테러에서 그런 목소리가 배후에 있는 것 같은 생각이 듭니다. 물론 테러라는 형태로 반영된다고 하면 비극적이지만요. 테러의 형태는 아니지만 그 배경에 조금 들려온 것은 아닐까요, 다양한 세계로부터 '다수자'의 목소리가. 이를 어떻게 생각하면 좋을지 아직 잘 모르겠으니까 '경계선 없는 정치'와 다수자의 목소리를 가시화할 수 있는 무엇인가를 생각해내지 않으면 안 된다는 막연한 말밖에 할 수 없지만 말입니다.

책임, 법, 응답가능성

다카하시 ●●● 관심을 어디에 어떻게 기울이는가라는 이른바 관심의 '경제' 문제라는 것이 있다고 생각합니다. 예를 들어 나 같은 사람이 전후책임에 관한 논의를 하면 "그건 오히려 내셔널리즘이 아닌가"라는 목소리가 나옵니다. 즉 가까움과 멂의 구별을 완전히 무화시키면 거꾸로 "그러면 왜 일본의 전후책임을 우선적으로 생각하는가?"라는 논의가 될 수도 있죠. 제가 "내셔널리스트"로 불리게 됩니다(웃음).

지금 강상중 선생님이 "지역주의라는 것은 '경계선 없는 정치'를 향해가는 과정이다"라고 말씀하셨습니다. 예를 들어 전후책임은, 조금 전에도 말한 것처럼, 동아시아 내지 동북아시아에서 지역적인 관계체를 만들기 위해 일본 측에서 최우선으로 해결해야 할 하나의 전제조건이라고 생각합니다. 그런 의미에서는 일본 국가가 전후 청산을 하지 않는 것 자체가 경계선의 정치이며 단절선을 유지하고 창출하는 정치였습니다. 일본국에 청산을 하게 하는 것이 오히려 '경계선 없는 정치'를 향하는, 또는 일본 국가를 일단 조금 더 열린 것으로 만들어 지역적인 관계를 다시 맺고 장기적으로는 '경계선 없는 정치'로 조금씩 나아가는 그런 과정의 첫걸음이라고 생각합니다.

어려우리라 생각되는 것은, 경계를 없애버리면 세계에는 무수한 문제가 있을 텐데 자국의 문제조차 책임을 지지 않으려는 성향이 강한 상황에서 그렇게 세계의 일까지, 텔레비전 뉴스에서 보는 것까지는 좋다 해도 그 이상의 책임을 왜 자신이 지지 않으면 안 되는가?라는 논의가 반드시 나올 것이라는 겁니다. 책임이라는 단어를 사용할지 아닐지에 대한 문제는 이런 점과 관련이 있다고 생각합니다. 스기타 선생님의 발상으로는 오히려 책임 없는 것에 관여하게 됩니다. 이는 완전히 임의적인 것으로 보입니다. 책임 있는 것에 대해서도, 즉 국가 안의 국민으로서 주권자로서 어떤 형태로 책임을 져야 하는 문제에 대해서도 책임을 지고 싶지 않은데 왜 그 이상의 것에 대해 당사자가 되어야 하는가라는 발상이 반드시 나올 겁니다.

스기타 ●●● 법적 담론만 가지고 한다면 어떻게 될까요. 물론 법으로 해결되면 좋겠지만 법은 당연히 법정증거주의라든지 무죄추정 등이 전제가 됩니다. 법이라는 것은 사실을 명백히 하는 동시에 여러 가지 일을 감추기 위한 방법도 되는 양면성이 있습니다. 전쟁 책임 문제에 대해 다카하시 선생님을 중심으로 매우 노력하고 계신다는 것은 저도 물론 매우 높이 평가합니다. 하지만 동시에 법이라는 것에 대한 위화감을 어딘가에 남겨두는 편이 좋지 않을까 생각합니다. 법적 논리라는 것은 선악 이원론, 유죄·무죄 이원론으로—이는 바로 안팎을 나누는 것처럼—여기서 문제 삼아온 문명의 근간 중 하나입니다. 거기에는 자유로운 주체가 책임을 가지고 행동하고 그 결과로서 책임을 진다는 매우 강한 주체 관념이 전제되어 있습니다.

그러므로 책임을 추급해가면 당연히 거슬러 올라가 주체가 전제가 되며 그 주체가 진정으로 의도해서 한 것임을 증명하지 않으면 안 됩니다. 이를 증명하는 것에 실패하면 그 주체의 무죄를 인정하고 끝인 거죠.

그러므로 전략적으로는 규칙이나 법적 절차로 특화시키지 않는 편이 좋지 않을까 생각합니다.

다카하시 ●●● 말씀하신 대로라고 생각합니다. 저도 물론 법적 책임만을 말한 것은 아닙니다. 애초에 법적 책임은 돌이킬 수 없는 것을 어떤 사회적 합의로써 청산하고자 할 때의 수단에 불과하니까요. 살인의 결과에 대해 살인자가 얼마간의 법적 책임을 진다고 해서 처음에 저지른 살인을 돌이킬 수 있는 것은 아닙니다. 이런 점에서 법적 책임은 법 자체를 탈구축하는 것인 동시에 법을 사용해갈 것을 생각하는 것에 불과하다는 의미가 첫 번째입니다.

그리고 두 번째는 책임이라는 말이 애초에 법적인 것이라고 한다면, 이는 잘못 이해한 것일지도 모르지만, 스기타 선생님이 여기에 쓴 글과 같은 것은 제 방식으로 말하자면 '응답 책임'이라는 것이 됩니다. Responsibility＝응답 가능성이라는 것이죠. 즉 어떤 부름에 대해 그걸 듣게 되는 것만으로도 당사자가 되어버린다는 겁니다. 광의의 미디어를 통해 무엇인가가 들어올 때 그쪽으로 관심이 가게 됩니다. 그리고 그런 것이 그 사태와 자신과의 관계를 만들어버립니다. 그에 대해 적극적으로 응답할 것인가 아니면 "못 한다"고 할 것인가, 거기에는 경제의 문제가 개입하지 않을 수 없습니다. 모든 문제에 응답할 수는 없으므로. 우리는 유한한 존재니까요.

바로 그 지점에서 우리의 판단이나 자세, 가치관이 문제가 된다고 생각합니다.

사이토 ●●● 지금 다카하시 선생님이 "듣게 되었다"라는 표현을 쓰셨는데 응답성은 수동적인 방식으로 환기되는 일이 많지요. 우리는 모든 문제에 응답할 도리도 없지만 "우선은 이것부터"라는 식으로 능동적으로 관심을 제어할 수도 없습니다. 그리고 그렇게 관심을 제어하지 못한다는 것은 커다란 이점이기도 하죠.

예를 들어 2000년 12월 도쿄에서 개최된 '여성국제전범법정'에서도 자국의 과거에 있었던 전시 성범죄 문제를 되묻는 동시에 현대의 다양한 장소에서 일어나는 성범죄를 문제 삼는 방식의 관심이 성립했었지요? 물론 일본군에 의한 과거의 성노예제를 재판함으로써 이를 역사에서 말소하려는 힘에 맞선다는 것이 주안점이었지만요. 그런 의미에서는 우선 자신의 나라에 관련해야 한다, 즉 우선 '안'에서부터 제대로 해야 한다는 문제의 설정 방식이 아니라, '안'과 '밖'을 동시에 문제 삼을 수 있는 거죠. '안쪽에서부터 넘는다'는 발상은 오히려 '안'을 만들어버립니다. 그보다는 오히려 거꾸로, 아렌트가 "인류"는 이미 "불가피한 사실"이 되었다고 말했듯이, 우리의 관심을 경계 안에 가두어두듯이 통제하는 것은 사실상 불가능하게 되었습니다. 조금 전에도 말했지만 '자기 배제'는 결코 완성될 수 없습니다. 적어도 '밖'에서 일어난 일을 계속 모른 체할 수는 없게 되었죠.

법규범의 월경과 그 양의성

사이토 ●●● 법의 지위에 대해 말하자면 로널드 드워킨Ronald Dworkin*이 말하는 의미의 '법공동체'의 경계가 없어지고 있다는 점에서 앞으로 커다란 가능성이 있지 않을까요.

어떤 '집단' 안의 문제만 중요한 게 아니라 우연히 눈에 들어온 것에 대해 그 옳고 그름을 묻는 법규범의 생성, 어떤 고통을 인간이 받아서는 안 되는 부당한 것으로 판단할 것인가에 대한 '원리'의 생성을 볼 수 있습니다. 이는 글로벌화의 긍정적인 측면으로 인권 관련 법규범은 상당히 적극적으로 바뀌고 있는 중이라고 생각해도 좋지 않을까요. '법'은 '질서' 안에 도구로서 포함되어버린 것이 아니라 '질서'로부터의 거리를 새로이 획득하는 경우도 있습니다. 예를 들어 모가미 도시키最上敏樹** 선생님이 《인도적 개입人道的 介入》에서 지적한 "희생자에 대한 접근권" 등은 좋은 예겠지요.

강상중 ●●● 다만 그게 저는 양의적이라고 생각합니다. 물론 그

---

 * [옮긴이주] 로널드 드워킨Ronald Dworkin(1931~2013). 미국의 법철학자. 런던대학 법학부 및 뉴욕대학 법학부 교수. 법철학과 정치철학 분야 연구. 저서로는 *Taking Rights Seriously*(1977), *Law's Empire*(1986), *A Matter of Principle*(1986), *Sovereign Virtue: the Theory and Practice of Equality*(2000) 등이 있다.

** [옮긴이주] 모가미 도시키最上敏樹(1950~). 법학자. 와세다대학 교수. 국제법, 국제기구론 전공. 저서로는 《国連システムを超えて》(1995), 《国際機構論》(1996), 《人道的介入―正義の武力行使はあるか》(2001), 《国境なき平和に》(2006), 《国際立憲主義の時代》(2007) 등이 있다.

것과 군사 제제가 결부하는 것은 아니지만 예를 들어 남아프리카공화국이 만약 코소보처럼 폭격되었다면 화해는 있을 수 없었다고 봅니다. 지금 인종적 화해가 어디까지일지 문제이지만 어쨌든 화해는 일단 성립되었죠, 남아프리카공화국에서는. 코소보에서는 실제로 민족 정화ethnic cleansing 등 알바니아인에 대해 여러 가지가 실시되었는데, 군사적으로 개입함으로써 그 땅에서는 100년 단위에 걸쳐 화해가 불가능하게 된 것은 아닌가 생각됩니다. 남아프리카공화국은 그렇게 상황이 심각했는데도 군사적 제제를 하지 않았습니다. 그랬기 때문에, 어떤 의미에서는 버려졌기verlassen 때문에 화해로 이끄는 것도 가능했다고 생각합니다.

이번의 아프가니스탄 문제는 군사적 개입을 했기 때문에 남아프리카공화국과 같은 일은 있을 수 없게 된 것은 아닐까요. 무슨 말인가 하면 한편으로는 분명히 법적 규범의 경계가 없어졌습니다. 즉 세계적인 의미로 일종의 법치적 인도주의인지 인도적 법치주의인지 모르겠지만 역시 그것이 공유되고 있습니다. 그렇기 때문에 피노체트도 포박된 겁니다. 그러나 다른 한편으로는 그렇기 때문에 처벌이 필요하게 되었는데, 그 처벌 방식을 결국 군사 제제에 요청하게 된 일례가 코소보였다고 생각합니다. 코소보에서는 유엔 결의를 거치지 않고 NATO가 공폭을 실시했습니다. 이번에도 군사 제제를 해도 좋다는 유엔 결의는 나오지 않았습니다. 테러 비판 결의는 나왔는데, 이를 대의명분으로 삼아 집단적 자위권 행사라는 형태로 나왔습니다. 어쨌든 오사마 빈 라덴은 생사 불문하고 포획하는 것이 정의가 되었습니다.

슈미트가 말하는 것 같은 '공적public enemy'이 아니라 사이토 선생님이 지적하는 것 같은 '범죄자'가 되었습니다. 범죄자로서 섬멸해도 괜찮은 존재가 된 거죠. 그렇게 되었을 때 이는 이른바 법적 낙인이 찍히는 것이며 동시에 윤리적·도덕적으로도 '사회적 해충'으로 간주되는 것입니다. 그렇게 되면 지금의 물리적 폭력은 안이하게 행사되기 쉬워집니다. 그리고 아무도 그에 대해 비판하지 못하죠. 미국인이 오사마 빈 라덴은 죽여도 좋다고 생각하게 되는 겁니다. 테러 혐의가 걸려 있으니 국제 감각은 그런 걸 인정하리라 생각하는 거죠.

다만 법치적 인도주의 또는 인도적 법치주의라는 이름으로 군사적 제제가 가능하다는 것을 강대국이 지금 공공연하게 이용하려하는 면도 있지 않은가 생각이 듭니다. 그렇다면 군사적 제제가 아닌 다른 형태로 처벌을 할 수 있을지 어떨지요.

다카하시 ●●● 그 점이 결정적으로 중요하다고 생각합니다. 이번 테러에 대해서는 우선 기본적으로는 구조적인 폭력이 배경에 있음을 분명히 하지 않으면 안 됩니다. 미국이 지금까지 헤게모니를 가지고 행사해온 구조적 폭력의 결과로 나타난 폭발이므로 그에 대해 군사적 보복을 하는 것은 또 다른 대항 폭력을 불러오는 일밖에 안 됩니다. 새로운 '테러'의 씨앗을 심는 일이 될 뿐이라는 것이지요. 제대로 법에 근거해서 심판하는 것이 대안입니다.

그런데 미묘한 문제는 법의 논리가 기조가 되고 있다는 점입니다. 예를 들어 부시의 연설에서도 '보복'이라는 단어는 사용되지 않았으며 기본적으로 "punishment"(처벌) 그리고 "bring to justice"(정의에 근거하여=법정으로 끌어내다)라는 표현을 사용하고 있습니다. 가령 오사마 빈 라덴이 용의자라면 그를 법정으로 끌어내기 위해서는 실력 행사가 동반되지 않을 수 없습니다. 그 '실력'을 어떻게 생각할 것인가라고 할 때 최소한의 군사력 행사가 필요하다는 논의에 대해 어떻게 대답할 수 있을지가 문제라고 생각합니다.

지금 미국에서는 모두가 오사마 빈 라덴을 사형에 처하라고 생각하고 있다고 말씀하셨는데 부시가 말하는 법의 논리라는 것이 바로 사형의 논리입니다. 저는 이에 대해 최소한 국제 법정이 필요하다고 생각합니다. 그런데 부시는 절대로 그것을 인정하지 않습니다. 미국에 인도하라고 하고 있는데 미국에서 재판을 하면 사형입니다. 그런데 국제 법정에서 하면 구舊유고 법정에서도, 르완다 법정에서도, 그리고 조금 전에 문제 삼은 ICC에서도 기본적으로는 유럽에서 나온 발상으로 인도에 대한 죄라도 사형이 없습니다. 미국이 ICC에 반대하는 이유 중 하나는 그 점에도 있습니다.

그러니까 아마 부시로서는 군사 재판이나 무언가를 통해 사형에 처하고 싶어 한다고 생각합니다.

강상중 ●●● 저는 사형 전에 죽여버리지 않을까 생각합니다만. 재판해서 미국으로 데리고 오면 그만큼 문제는 꼬여버립니다. 그러면, 일종의 법치적 인도주의의 곡해일지도 모르겠지만, 거기에 물리적 실력 장치를 담보해야만 하는 경우 예전과 같은 동서 냉전 구조 안에서의 대립이라면 어쨌든 공적公敵이므로 어느 정도 협상을 할 것이며 그에 대해 일방적으로 심판하는 것은 불가능했다고 보지만, 지금은 가능하다는 겁니다. 주저하지 않고 그것이 가능하게 되었습니다. 이를 어떻게 생각하면 좋을까요?

국가 테러와 예외주의의 일상화

스기타 ●●● 전쟁 범죄에 관해서는, 예를 들어 이스라엘 정부가 팔레스타인 사람들에 대해 가하고 있는 국가 테러리즘이나 미국에 의한 국가 테러를 어떻게 할 것인지가 문제가 됩니다. 만약 사람을 많이 죽여서 재판에 회부된다면 미국 대통령은 자동적으로 피고인이 되겠죠(웃음).

그러나 실제로 그들을 법정으로 끌어내는 일은 어렵습니다. 그러면 법정이라고 하면서 ICC로서도 매우 선택적이 되지 않을 수 없으며—물론 그것도 진일보라고는 생각하지만—말 그대로 관심의 경제가 작용하여 약한 쪽 입장에서는 "우리만 심판을 받는 건가"라는 반발이 나올 경우도 생각해야 합니다.

사이토 ●●● 그렇죠. 바로 국가 테러리즘을 어떻게 심판할 수 있을 것인가라는 문제가 나오겠죠. 만약 '테러 지원 국가'도 심판을 받는다면 미국을 비롯한 '국가 테러리즘 지원 국가'도 장차 심판받아야 합니다. 그 점에서는 일본과 페루의 관계 등도 다시 한 번 검토해야겠죠.

다만 희망적인 점은 미국의 행동을—칸트식으로 말하면 '악'이 되겠지만—"자기 자신을 예외로 한" 행동으로 인식하는 그런 비판적 시선도 나오고 있다는 것입니다. 미국은 더반회의에서 인종차별주의를 비판받자 이를 거부하고 자리를 박차고 나갔습니다. 교토의정서에 대해서도 등을 돌렸고요. 최강자의 이런 예외주의적 행동을 비판적으로 보는 시각이 상당히 나오지 않았는지요.

그보다도 강상중 선생님이 제기한 '법치적 인도주의' 문제에서 어려운 점은 '인도humanity'에 대한 침해를 도대체 누가 판단할 것인가입니다. 코소보 개입 시에 하버마스가 말했듯이 이미 자유주의적 정치문화를 가지고 있는 나라들만 인도에 대한 침해를 판단할 권리가 있다면 그것은 다른 방식으로 '문명'과 '인도주의'의 전유가 됩니다.

강상중 ●●● 저는 대립점은 아니라고 봅니다. 바로 그렇기 때문에 글로벌 연대라고 말했다고 생각합니다. 이번에는 그게 역전되어 일방주의, 단독주의로부터 글로벌 연대를 창출할 수 있는 상황에 있는 겁니다. 물론 미국이 간단하게 그 단독주의적 행동원리를 포기하리라고는 생각하지 않습니다. 다만 단독주의의 폐해가 커

질수록 점점 세계의 비판도 커지리라고 생각되므로 테러에 대한 보안 대책을 세우고 "이는 모두의 문제다. 글로벌 연대로 대응하자"고 외침으로써 자신의 단독주의적 행동원리를 더욱 보강하려고 하지 않을까 생각합니다.

지금 사이토 선생님이 말한 예외주의적인 일이 일어났는데요. 예외주의가 일상화되고 있는 것입니다. 그 점이 큰 문제입니다. 이는 오히려 법치적 인도주의 같은 것—이런 표현이 가능할지 어떨지 모르겠지만 이를 하트는 "켈젠의 꿈"이라고 말합니다—즉 실력설을 주창한 슈미트와는 완전히 반대로 실증주의적인 헌법규범주의를 세운 켈젠Hans Kelsen*이 글로벌하게 된 것입니다.

켈젠식의 자유주의와 규범주의를 통해 테러 및 반테러 전쟁과 같은 것을 명확하게 비판할 수 있을까요? 정말 어렵다고 생각합니다. 언설로서는 성립하지만 매우 힘이 없는 것은 아닌가 생각되며 그 점도 앞의 문제와 마찬가지로 법적 문제로 생각할 때의 난점으로 보입니다. 물론 다카하시 선생님들이 해온 일들, 이 일들은 반드시 하지 않으면 안 되며, 저도 결코 그 당사자성으로부터 벗어날 수 없다고 생각합니다. 하지만 다만 건국 이래 수많은 간섭 전쟁을 해온 미국이 한 번도 반인도죄로 심판받은 적이 없었으며 아마 앞으로도 심판받는 일은 없으리라 생각합니다……

* [옮긴이주] 한스 켈젠Hans Kelsen(1881~1973). 오스트리아 출신의 공법학자, 국제법학자. *General Theory of Law and State*(1945), *Théorie pure du droit*(1960; 1962), *General Theory of Norms*(1979) 등이 있다.

새로운 시민권을 향해서

다카하시 ●●● 저도 물론 그런 점을 생각하고 제1부에서 미국 문제를 말한 겁니다. 히로시마·나가사키에서 핵무기를 실전 사용했었다는 것이 하나의 포인트가 된다고 생각합니다. 2차 세계대전 이후 그야말로 한국전쟁, 베트남전쟁 이래 미국이 단행해온 국가 테러리즘, 미국이야말로 최대의 테러 국가가 아닐까라는 생각이 들죠. 미국은 그런 이른바 군사 폭력의 자유를 담보하기 위해 ICC를 방해했던 것입니다. 2000년 섣달 그믐날에 가까스로 조인한 것은 미국과 이스라엘 그리고 이란입니다.

강상중 ●●● 아, 그랬군요(웃음).

다카하시 ●●● 미국과 이스라엘과 이란이 아슬아슬하게 들어갔죠. 서명해두는 편이 이후 과정에서 여러 형태로 빠져나올 찬스가 있다고 클린턴은 생각했다고 볼 가능성도 있지만. 다만 부시로서는 전혀 비준할 생각이 없다고 하는 것이 현재 상황입니다.
그건 하나의 세력다툼이랄까 암투로 ICC조약에 서명하는 과정에서—이것도 뉴욕에 있는데—ICC를 각국 정부에 비준하게 하기 위한 연대라는 NGO가 있습니다. 방대한 수의 NGO가 거기에 집결하고 있으며 그 NGO가 로마회의 때에도 여러 로비활동을 하면서 압력을 가했습니다. 일본군 성노예제를 재판하는 여성국제전범법정을 개최한 그룹 등도 거기에 들어 있는데, 강간을 반인도죄에 넣기 위한 활동을 해서 결국 실현되었죠.

그러므로 그런 의미에서는 상당히 NGO의 힘이 개입된 형태이며, 실제로는 유엔의 전권외교회의이지만 미국이 거기에서 체결된 조약을 유명무실한 것으로 만들려는 그런 구도입니다. 물론 ICC가 실제로 생겨도 제대로 기능할지 어떨지는 모르며 미국에게 장악되어버리면 역효과가 나겠지만, 그 상황은 정말 암투죠.

여성국제전범법정 이후에 뉴욕에서 '코리아전범법정'이라는 것이 있었습니다. 이는 미군이 한국전쟁 등에서 벌인 주민 학살에 대해 역대 미국 대통령을 민중 법정이라는 형태를 취해서 단죄한 것이었습니다. 판사를 맡은 이는 미국의 램지 클라크William Ramsey Clark 전 사법장관입니다. 한국, 북한, 일본에서도 사람들이 갔었다고 알고 있는데 도쿄에서 한 것과 같은 형태로 뉴욕에서 개최한 것이죠. 바로 '경계선 없는 정치'의 일례로 글로벌한 시민사회나 NGO라는 것이 국제법에 영향을 미치고자 끊임없이 활동하고 있습니다. 아마도 그런 것이 지금부터 더욱 더 중요하게 될 것이며 늘어날 것이라고 생각합니다.

하나 더 말하자면, 키신저Henry Kissinger 전 국무장관의 여러 책임도 심판해야 한다는 의견이 미국 내부에서도—촘스키 등은 전부터 말했었지만—상당히 나오고 있습니다. 설령 상징적인 형태일지라도 무언가의 형태로 미국의 무제약적 폭력이라는 것에 제동을 걸고 구속하기 위한 노력을 하지 않으면 안 되니까요. 이를 위한 하나의 계기가 될 수 있을지 어떨지요.

사이토 ●●● 다카하시 선생님이 말씀하시는 것처럼 새로운 형태의 시민권이 여러 곳에서 나타나고 있다고 생각합니다. 경계선의 정치를 하기 위한, 구심적이고 등질적인 시민권과는 다릅니다. 지금까지 멀다고 여겨졌던 곳에 교섭의 회로를 마련하고 '가까움'을 새로이 창출해가는 시민권이죠. 다른 말로 하자면 친밀intimacy을 공동체의 기틀로 생각하는 것이 아니라 지금까지의 '멂'을 '가까움'으로 재편성해가야 할 것으로서 생각하는 겁니다. 후쿠자와가 말한 '편협심'과는 다른 친밀함이 그야말로 글로벌한 차원에서 새로이 창출되고 있습니다. 공동체의 기틀이 아닌 정치적인 친밀권親密圈, "친밀한 시민권intimate citizenship"(K. 플러머)*과 같은 것이 지금 어떻게 전개되고 있는지를 주목하고 싶습니다.

강상중 ●●● 저는 찬성입니다. 오늘은 글로벌화에 대해 다소 부정적인 면을 말했지만 한편으로 공동성이라는 형태가 아닌 친밀권적인 시민권이 생길 가능성이 있다고 하면, 그것은 글로벌화가 아니면 불가능했던 문제일지도 모르겠습니다. 바로 그런 점이죠. 글로벌화가 가지는 양의성이 있다고 생각합니다.

---

* [옮긴이주] 켄 플러머Ken Plummer. 사회학자. 사회관계학과 섹슈얼리티에 관한 연구. 저서로는 *Telling Sexual Stories: Power, Change and Social Worlds*(1994), *Intimate Citizenship: Private Decisions and Public Dialogues*(2003), *Sociology: The Basics*(2010) 등이 있다.

사고를
열다

다카하시 ●●● '경계선 없는 정치'라는 것은 글로벌한 정치에서 밖에 있을 수 없는 일이죠. 글로컬이라고나 할까……(웃음).

2001년 10월 21일

나가며—지속적으로 묻기

이 시리즈의 간행이 시작된 지 겨우 2년여 정도밖에 지나지 않았는데 세상의 변화는 빠르다. 시리즈가 진부해졌다는 의미는 전혀 아니다. 그러기는커녕 각 권에서 논의된 문제 하나하나가 정말 실제적인 것으로서 일상 속에 나타나고 있다.

처음에 시리즈의 구성을 발표했을 때에는 현대사상계의 유행을 좇아 현실과는 관련이 적은 탁상공론을 모은 것이라는 인상이 일부에 있었을지도 모르겠다. 그러나 지금은 여기에서 논의되고 있는 주제를 의식하지 않고서는 하루도 신문을 끝까지 읽을 수조차 없다. 역사와 어떻게 마주할 것인가, 사람들의 집합적 기억을 어떻게 다룰 것인가는 가장 중요하면서도 언제나 성가신 정치 문제로 남아 있다. 시장의 폭력은 멈출 곳을 모르며 그 안에서 짓밟힌 사람들의 불만이 축적되어 있다. 동서대결의 종언과 더불어 세계질서가 안정화되기는커녕 아이덴티티나 문화를 둘러싼 대립이 한층 첨예해지고 갖가지 원리주의가 힘을 얻어가고 있다.

이런 문제들은 물론 훨씬 전부터 있었지만 어느 쪽인가 하면 주변적인 것에 불과하다는 인식이 뿌리 깊지 않았던가. 예를 들어 아이덴티티 문제보다도 외교나 군사를 중심으로 하는 전통적 정치

영역이 본질이라는 식으로. 그런데 몇몇 불행한 사태를 계기로 이 문제가 양자택일 가능한 성격이 아닌 것이 분명해졌다. 이들 주제와 무관하게 세계를 바라보는 일은 더 이상 불가능할 듯하다.

그러나 다른 한편에는 이러한 변화에 맞서 다면적인 인식을 거부하려는 동향도 있다. 우려되는 점은 어떤 사태에 대해 실제로 연관된 사람들의 입장을 그대로 정당화하려는 풍조가 강해진 것이다. 모두가 각자, 그 시대, 그 장소에서, 좁은 선택지 중에 고른 것이므로 그 선택을 존중해야 하며 사후에 안전한 장소로부터 비난을 보내는 것은 비겁하다는 그런 류의 논법이 지지를 모으고 있다. 이는 비단 정치 책임과 같은 문제에 한정되지 않고 학계에서도 보인다.

그러한 논자에 의하면 어느 누구라도 무언가의 일에 관련하여 어떤 경향을 가지지 않을 수 없는데, 이를 두려워하여 아무데서도 불만이 나오지 않도록 하려 한다면 아무 것도 할 수 없게 된다. 그런 우유부단에 빠지기보다는 설령 민족주의자라고 불릴지라도, 식민지주의자로 불릴지라도, 개발주의자로 불리지라도, 남성중심주의자로 불릴지라도, 또는 시장원리주의자로 불릴지라도 무엇인가를 성취한 인물 쪽이 위대하다는 것이다.

물론 무한한 선택지가 있는 것은 아니다. 어떤 상황에서 그 사람 앞에 열려 있는 가능성에는 한계가 있다. 자신의 한계를 충분히 고려한 후에 신중한 선택을 한 사람에 대해 결과론적으로 비판하는 것은 공평하지 않으리라. 문제는 많은 사람들이 실제 있는 것보다 훨씬 적은 선택지밖에 보지 않는다는 점, 극단적으로 말하자면 처음부터 결론을 정해버리는 점에 있다. "이것밖에 없다"고 혼자 믿고서는 자신의 선택이 미칠 영향은 생각지도 않는다. 당연히 다른 시점에서 자신의 선택이 어떻게 보이는지는 알려고도 하지 않는다. 이런 선택 방식을 부득이한 것으로 치부할 수는 없으리라.

우리의 변변찮은 토론이 자칫 안으로 닫히기 쉬운 '사고를 여는' 계기가 된다면 그것처럼 기쁜 일은 없다.

2002년 1월

스기타 아쓰시

옮긴이 후기

일본 이와나미쇼텐 출판사의 〈사고의 프런티어〉 시리즈는 21세기를 맞이하여 기존의 '사고'의 '경계'를 허무는 새로운 패러다임을 '개척'한다는 취지로 기획되었다. 정치·사회적으로 중요한 의미를 가지고 부상한 키워드들을 선정해 이에 관한 해설과 최첨단 논의를 전개했다. 그런데 마지막 권의 출간을 눈앞에 둔 2001년 가을 9·11테러가 일어났다. 이 시리즈의 저자들은 자신들이 논의 중인 문제들이 실제로 하나의 문제군問題群으로 팽창하여 임계점에 다다라 폭발한 현장을 목도한 것이다. 이 책《사고를 열다》는 이를 계기로 편집진 대표 4인이 자신의 견해를 재표명하고 '사고'의 '경계'를 '여는 것'의 중요성을 호소한 글이다. 시리즈의 별권으로 구성되었다.

이 책의 번역 의뢰가 있었던 것은 2011년 가을이었다. 원저서가 출간된 때로부터 꼭 10년이 지나 있었다. 한국어판 번역 출간까지 또 4년의 시간이 흘렀다. 저자들의 논의는 무엇보다 9·11테러라는 구체적인 사건에 촉발된 것으로, 당시의 급변하는 정치·사회 현상에 대한 해석을 담은 것이었다. 번역을 진행하면서, 그들의 논의가 10여 년이 훌쩍 지난 현재의 우리에게도 의미를 가질지 우려되었다. 결과적으로 그런 걱정은 기우였으며, 오히려 이 책의 논의들이 여전히 현재적이며 더욱 현실성을 띠고 생생하게 다가오고 있음을 확인할 수 있었다. 불행한 일이다.

타자와의 사이에 '경계선을 긋는 정치'가 근대적 발상이며 문제를 억제하기는커녕 더욱 심각한 사태를 야기한다는 것은, 9·11테러 이후 아프가니스탄전쟁, 이라크전쟁을 포함한 미국의 대對이슬람국가 정책의 결과를 보더라도 자명하다. 미국의 신자유주의 경제 정책과 패권주의적 글로벌리즘 체제에 편입된 측과 도태된 측을 이분하는 사고와 정치는, 세계의 양극화를 돌이킬 수 없는 지경으로 고착화시켰다. 내외를 가르고 외부를 배제할 때 그 피해는 이른바 내부에도 필연적으로 부메랑처럼 돌아온다. 이는 지금까지의 경험이 증명한다. 저자들은 이 같은 문제의 해결을 위해 '경계선 없는 정치'를 제안한다. '경계선 없는 정치'는 지역, 인종, 종교 등 모든 영역 안에 있는 경계를 열어둠으로써, '모든 이'가 일어나는 '모든 일'에 대해 '당사자'로서 '답책성'이 있다는 것이다.

또한 이 책의 저자들이 미국의 대외 정책과 유비관계로 일본의 아시아 정책을 비판하는 부분은 근년의 상황을 보건대 더욱 유효하게 다가온다. 일본에서는 9·11테러 이후 미국의 대외강경책에 편승하듯, 자위대의 해외 파견을 시작으로 군대 보유 및 집단자위권 주장, 평화헌법 개정 등의 움직임이 급부상했다. 이 연장선상에서 나온 안보법안이 바로 얼마 전 중의원 본회의에서 강행 통과되어 시민들이 반대 시위에 나섰다. 그리고 8월 15일 '전후 70주년'

을 맞아 예정된 '아베 담화'의 내용에 관심이 집중되어 있는 요즈음, 일본의 양식 있는 지식인들은 그 내용을 우려하여 과거에 대한 반성을 담은 '무라야마 담화'의 계승을 촉구하는 성명문을 발표했다. '경계선'을 강화하고 과거로 역행하려는 사고와, '경계선'을 상대적이고 느슨하게 만들어 모두가 당사자로서 응답함으로써 평화공존을 지향하는 사고가 각축을 벌이는 중이다.

이 책의 원저서가 나온 이후 시간이 꽤 지났지만 어쩌면 이 책의 번역·출판은 이와 같은 현시점에서 보다 시의적절한 것일지도 모르겠다. 〈사고의 프런티어〉시리즈의 번역을 기획하고 이 책의 번역을 권유해 준 한림과학원 선생님들의 혜안에 감사의 인사를 올린다. 기꺼이 출판을 맡아주신 푸른역사의 박혜숙 사장님, 어설픈 번역 원고를 정성껏 교열해준 정호영 편집자께도 진심으로 감사드린다. 끝으로, 7월말 불볕더위에도 불구하고, 아픈 역사와 마주하고 당사자로서 임하고자 분투하는 모든 이들에게 깊은 감사의 마음을 전하고 싶다.

2015년 7월 말 도쿄대학 코마바숙소에서

이예안

찾아보기

【ㄱ】

가네코 마사루 105

가토 노리히로 35, 46, 51, 135

강상중 16, 48, 53, 54, 56, 60, 62,
　　65, 67, 69, 73, 75, 76, 78, 80, 81,
　　104, 119, 123~127, 129, 132, 134,
　　136, 139~142, 147, 150~153, 156

강제수용소 17, 20

개발도상국 7, 42, 112, 113, 121, 122

거주지의 격리 128

《검은 피부 하얀 가면》 85

결단주의 14, 76

경계 설정 29, 88, 104

경계 42, 101, 106, 110, 115, 119,
　　121, 124, 128, 131, 142, 145~147

경계선 43, 91~97, 101~103, 112,
　　115, 116, 120, 123, 129, 130, 133,
　　135, 142, 155

경계선 없는 정치 97, 103, 115, 120,
　　126, 127, 133, 140, 142, 154, 156

계급의 인종주의 128

계급지배 85

계몽의 모더니티 48, 49

《계몽의 변증법》 85

고바야시 요시노리 136

고토쿠 슈스이 65

공적公敵(public enemy) 148, 150

관심 7, 25, 43, 46, 87, 108, 138~140,
　　142, 144, 145, 151

관심의 경제 7, 138, 140, 142

교섭 회로 84, 89

교조화 12, 14

9·11테러 5, 6, 19, 24, 27, 31, 40,
　　86, 88, 132

구조조정 (프로젝트) 7, 112

국가 테러 85, 150

국가 테러리즘 67, 150, 151, 153

국가이성(론) 92, 94, 95, 101, 122

《국가학의 권장》 134

국민적인 국민국가 109

국적 115, 120, 126, 127

국제금융자본 132

국제통화기금IMF 7, 112, 131, 132

국제형사재판소ICC 70~72, 81, 149, 150, 153, 154

권역 11, 123

규제 완화 14, 133

그로티우스, 휴고 75

근대의 초극 62, 140

근대화(론) 32, 34, 36, 51, 52, 54, 55

글로벌 공조 28

글로벌 안보 28, 40, 41, 88

글로벌 연대 28, 80, 81, 152

글로벌 자본주의 57, 105, 117

글로벌리즘 32, 37

글로벌화 6, 8, 12, 15~17, 19, 30, 39, 42, 43, 58, 74, 79, 86, 108, 123, 146, 156

기능주의 16

기독교민주동맹CDU 125

기독교사회동맹CSU 125

기억의 정치 26

기표 27

김영삼 32

【ㄴ】

나가사키 153

나치 17, 53

나치즘 16, 17

나카에 조민 65

내버리기 57, 58

내셔널리즘 30, 76, 134, 142

《내셔널리즘》 5, 46, 136

내외의 구별 133, 134

내적 타자 13, 14

냉전 19, 26, 32, 37, 40~42, 57, 67, 108, 110, 150

네그리, 안토니오 41, 141

네트워크 9, 67, 111, 116, 123, 124, 131

노스탤지어 59

뉴욕 5, 7, 24, 25, 42, 43, 49, 87, 154

니시베 스스무 35

니시카와 나가오 106

【ㄷ】

다국적기업 117, 118, 124

다문화주의 27

다수자multitude 141

다워, 존 77

다이너미즘 12

다카하시 데쓰야 44~46, 52, 54, 56, 58, 60, 61, 64, 68, 69, 71, 73~75, 78, 107, 115, 121, 125, 126, 129, 132, 134, 135, 136, 138, 140~145, 148, 153, 155, 156

답책성 13, 113, 115, 122, 130, 131

대동아공영권 63
대중사회 16
대처리즘 55
더반회의 69~72, 121, 151
데리다, 자크 108
도덕적 차별화 9, 11, 129
동시다발테러 5, 6, 8, 9, 19, 24, 28, 31
드워킨, 로널드 146
따라잡기 54~57, 59, 78, 117
《떠날 것인가 남을 것인가》 100

【ㄹ】
라이샤워, 에드윈 54
레이거노믹스 55
로장발롱, 피에르 111
로티, 리처드 138
르상티망 13, 14
《리바이어던》 80

【ㅁ】
마루야마 마사오 44, 45, 54, 62, 63, 75
마르크스, 카를 8, 25, 47, 108
마르크스주의 107
마흐말바프, 모흐센 86
만국공법 75

모가미 도시키 146
무관심 7, 25, 43, 94
무국적(자) 18~20
무례함 48
무류성 122, 124
무정부주의 65, 141
문명(론) 6, 11, 12, 14, 26~29, 31~34, 36, 37, 39, 41, 42, 44, 45, 47~51, 53, 54, 58~64, 69, 72, 75, 76, 81, 84~88, 104, 133, 143, 151
《문명론의 개략》 34, 44, 58, 133
문명사관 58
문명사회 19, 31, 49, 84, 85, 87
문명의 대화 61, 62
문명의 충돌 26, 27, 30, 40, 51, 56, 59
《문명의 충돌》 140
문명화 33, 85
문야文野의 전쟁 33
미야자키 도텐 65
미일동맹 77
미타니 다이이치로 63
민영화 14
민족 정화 147
민주주의 12, 13, 26, 28, 44, 108, 120, 121, 123, 125, 130, 131
밀, 존 스튜어트 48

【ㅂ】

바미얀 석불 86
바버, 벤저민 24
바이게모니bigemonie(양두지배) 81
반개 33, 34, 51, 54
반테러 애국법 74
방치하기 57
배제 29, 42, 43, 50, 51, 55, 57, 58,
    68, 86, 89, 96, 99~101, 111, 127,
    133, 136
범테러리즘 11, 30, 43, 71, 81
법 15, 73~76, 80, 103, 143, 144,
    146, 149, 152
법 유지적 폭력 109
법 창설적 폭력 109
법적 차별화 9, 11, 29
법치적 인도주의 147, 148, 150~152
법-권리 14, 17, 18
베를루스코니, 실비오 31
베스트팔렌 조약 75
베트남전쟁 81, 132, 153
벤야민, 발터 109
보편주의 26
복지 17, 95, 106, 109, 118, 131
복지 계급 13
복지국가 13, 14, 37, 92, 95, 105,
    109, 111

복지-전쟁국가 93, 101
복지주의 13
부르디외, 피에르 109
부르주아 98, 101
부시, 조지 W. 6, 49, 70, 88, 121,
    149, 150, 154
분기점 8, 73
비대칭성 10, 81
비대칭의 위협 11
비문명 88, 89
비영리조직NPO 130
비정부기구NGO 116, 130, 154
비판적 지정학 30, 40
빈 라덴, 오사마 148, 149

【ㅅ】

사센, 사스키아 79
사실상de facto 68, 73~75, 103, 120
사에키 게이시 35
사이토 준이치 13, 48, 56, 59, 67~69,
    71, 73, 76, 78, 79, 81, 98, 101,
    102, 110, 113, 114, 116, 118~121,
    125, 127, 128, 137, 145, 146, 148,
    151, 152, 155
사카모토 다카오 34, 134
사카모토 류이치 19
사회보장 99, 110~112

사회주의(자) 7, 37, 65, 76, 92, 108, 112

상대화 93, 94, 103, 122, 123, 125, 126

새로운 역사 교과서를 만드는 모임 32, 34, 35, 59

서양the West 28, 42, 59

섬멸 9, 17, 29, 56

섬멸전 10, 11, 28, 43

섬멸 수단의 고도화(상승) 9, 11, 29

성내城內 평화 102

성차별주의 85

세계 시스템 7, 24, 25, 28, 42, 43, 76

세계무역기구WTO 7

세계무역센터 빌딩 25, 42

세계은행 7, 112, 131

세계의 수도Caput Mundi 27

세계인종차별철폐회의 61

센, 아마르티아 71

소실 15, 46, 47, 55

슈미트, 칼 9, 14, 17, 29, 43, 76, 148, 152

스기타 아쓰시 13, 44, 50, 53, 54, 56, 59~61, 72, 75~77, 79, 101, 111, 112, 114~117, 119, 121, 122, 124, 127, 128, 130, 131, 134, 135, 138, 143, 144, 150

시민권 90, 120, 127, 155, 156

시민사회 84, 85, 154

《시민사회사》 49

시민적 국가주의 111

시장경제 9, 28, 32, 37, 67, 94, 106

식민지주의(자) 53, 69, 85, 158

신개입주의적 접근 방법 7

신국가주의(자) 32, 35, 62, 133

신자유주의 7, 28, 37, 78, 79, 94, 95, 133, 161

신흥계층 51, 52, 55, 56, 59, 128

십자군 12, 13

쓰다 소우키치 63

【ㅇ】

아도르노, 테오도르 15

아렌트, 한나 18, 19, 50, 86, 145

아메리카니즘 16

아시아주의 62~67, 72

아시아태평양경제협력체APEC 130

아이덴티티 12~14, 26, 27, 40~42, 135, 136, 157, 158

아이덴티티의 정치학 26

아프가니스탄 5, 7, 9, 20, 25, 43, 57, 68, 86, 87, 107, 120, 122, 132, 138~140, 147

아프가니스탄 공습 5, 10, 12, 25, 47,

61, 70, 71

아프리카화 58

안보 26, 27, 40, 69, 89, 112

안전망 105~108, 112, 113

안전의 결여 48, 89

야마토 109

야만 6, 12, 26, 28, 32, 33, 39, 45,
47, 48, 50, 51, 54, 56, 59, 61, 62,
64, 84, 85, 87, 88

야만상태 18

야만화 85

야스카와 주노스케 33

약육강식 34, 37

엥겔스, 프리드리히 98

여성국제전범법정 145, 154

열위의 타자(성) 48, 85

《영국 노동자계급의 상태》 98

영역 101~103, 128, 158

영일동맹 77

예외상태 14, 15, 17, 20, 74

예외상황Ausnahmezustand 14, 29,
74, 76

예외상황의 일상화 14, 15, 73, 74, 76

예외주의 151, 152

예의 바름 48

오키나와 67~69

올브라이트, 매들린 62

외적(인) 타자 13, 14

요시다 시게루 77

원리주의(자) 13, 28, 42, 158

월러스틴, 이매뉴얼 8, 54, 60, 76

위기 6, 15, 17, 27, 28, 40, 41, 43,
48, 76, 80, 81

위기 그룹 119

위기의 편재화 41

유대인 18, 19, 53

유엔개발계획UNDP 71

응답 가능성 115, 144

응답 책임 144

이슬람 28, 42

이슬람 원리주의 12, 24, 28, 62

이질 43, 51, 53, 67, 93, 96

인간의 안전보장Human Security 71

인권 74, 94, 146

인권의 글로벌화 74

《인도적 개입》 146

인종 없는 인종주의 27

인종주의 26, 85, 128

일국 근대주의 36

일상화 14, 15, 74, 76, 152

입헌주의 93

【ㅈ】

자기 배제 100, 146

자기 보존의 폭력 15
자민족 절대주의 85
자본주의 37, 57, 60
자연 136, 137
자연수용소 20
자연상태 15, 44, 50, 79, 80, 87, 104
자유 11,17, 26, 28, 37, 48, 71, 74,
　92, 101, 108, 143, 153
《자유론》 48
자유민주주의 11, 67
자유주의 15, 76, 78~81, 93, 151,
　152
자유화 14, 118
자학사관 32
작위(성) 136, 137
장쩌민 32
재-식민지화 57
저변을 향한 경쟁 87
《전쟁론》 136
전체주의 92
《전체주의의 기원》 18, 50
전후책임 65, 66, 142
절멸의 폭력 9, 17, 57
정당한 원인 10, 11
정당한 적 10, 11
정의 11, 31, 57, 61, 148, 149
정전正戰 9, 10

정체 48
정체사관 58
제노사이드 10
주권(자) 91, 93~95, 103, 119, 124,
　126, 130, 143
주권국가 79, 92~94, 101, 103, 120,
　130~132
줄리아니, 루돌프 87
중우정치 121
지역주의 64, 67, 68, 125, 140, 142
지정학 7, 19, 26, 27, 30, 40~43, 139
지하드 24
질서 7, 9, 14, 48, 52, 73, 74, 76, 78,
　79, 96, 103, 146
집합적 아이덴티티 12, 14

【ㅊ】
차별화 29, 33
차이론적 인종주의 27
착취 공장 25
책임 73, 74, 93, 94, 97, 102, 104,
　114~116, 122, 130, 142~144, 155,
　158
청일전쟁 32~34, 38, 47
체제파 72
초스도프스키, 미셸 7
치안 6, 11, 13, 67, 79, 89, 95, 109,

110

친밀(함) 88, 89, 123, 155

친밀권 155, 156

친밀한 시민권 155

【ㅋ】

《칸다하르》 86

칸트, 임마누엘 85, 151

케인즈주의 60

켈젠, 한스 152

코널리, 윌리엄 13, 14

클라크, 램지 154

클린턴, 빌 70, 154

키신저, 헨리 155

【ㅌ】

타자 11, 27, 29, 31, 36, 43, 47~50,
    53, 56, 84, 85, 89, 96, 100

타자성 9, 12, 13, 48, 53, 56

타자화 12

탄소세 117

탈구축 12, 108, 109, 115, 133, 134,
    144

탈레반 12, 86

탈아론 44, 52

〈탈아론〉 33, 36

탈아입구 34, 46, 62, 63, 65, 78

탈-폭력화 49, 72, 84, 85, 88, 89

태평천국의 난 47

테러 6, 10, 17, 42, 71, 72, 81, 84,
    85, 102, 121, 139, 141, 148~150,
    152, 153

테러 지원 국가 151

테러리스트 12, 13, 31

테러리즘 5, 12, 43, 57, 67, 72, 116

토빈세 117

【ㅍ】

파르티잔 43

《파르티잔 이론》 43

파웰, 콜린 80

팍스 브리태니카 80

팍스 아메리카나 80

《패전후론》 35, 36

퍼거슨, 아담 49

포디즘 16

포이케르트, 데틀레프 16, 17

폭력 7, 9, 12, 17, 19, 25, 36, 37, 39,
    42~44, 49, 50, 55~57, 67, 69, 73,
    76, 78, 80, 81, 84, 85, 86, 88, 99,
    109, 110, 133, 138, 139, 149, 153,
    155, 157

폭력성 39, 60, 99

폭력의 회귀 89

폭력화 85
폭력 장치 72, 79, 109
푸코, 미셸 13, 56, 74, 128
플러머, 켄 155
피노체트, 아우구스토 147

【ㅎ】
하류계층 25, 28, 42, 50, 87
하버마스, 위르겐 151
하타미, 모하마드 61, 62
하트, 마이클 41, 141, 152
한국전쟁 9, 66, 153, 154
합리성 17
합리화 16, 17
허시먼, 앨버트 100

헌법규범주의 152
헌팅턴, 사무엘 26, 27, 41, 42, 50,
  59, 134, 140
헤겔, 게오르크 58
호르크하이머, 막스 15
홉스, 토마스 15, 44, 50, 79, 80, 87
후방 지원 국가 69
후쿠야마, 프랜시스 108
후쿠자와 유키치 33, 34, 36~38,
  44~48, 51, 52, 54, 56, 58, 59,
  62~65, 72, 75, 133, 134, 155
히로마쓰 와타루 66
히로시마 153
히틀러, 아돌프 18~20

사고의 프런티어 5—사고를 열다

- ⊙ 2015년 8월 25일 초판 1쇄 인쇄
- ⊙ 2015년 8월 31일 초판 1쇄 발행
- ⊙ 글쓴이   강상중·사이토 준이치·스기타 아쓰시·다카하시 데쓰야
- ⊙ 기획   한림대학교 한림과학원
- ⊙ 옮긴이   이예안
- ⊙ 발행인   박혜숙
- ⊙ 책임편집   정호영
- ⊙ 영업·제작   변재원
- ⊙ 펴낸곳 도서출판 푸른역사
    우 03044 서울시 종로구 자하문로8길 13
    전화: 02)720-8921(편집부) 02)720-8920(영업부)
    팩스: 02)720-9887
    전자우편: 2013history@naver.com
    등록: 1997년 2월 14일 제13-483호
- ⓒ 한림대학교 한림과학원, 2015

ISBN   979-11-5612-061-2 94900
세트   979-11-5612-056-8 94900